선교적 교회 제자훈련 성경공부 시리즈

에베소서

한없는 축복의 보고

일러두기

본문에 인용한 성경 본문은 대한성서공회에서 펴낸 개역개정판을 따랐다.

에베소서 한없는 축복의 보고
선교적 교회 제자훈련 성경공부 시리즈

1 판 1 쇄 발 행	2024년 1월 3일
발 행 처	사)한국해외선교회 출판부(GMF Press)
지 은 이	이태웅
발 행 인	양승헌
출 판 편 집	한국선교연구원(KRIM)
주 소	서울 양천구 목동중앙본로18길 78, 4층
전 화	(02)2654-1006
이 메 일	krim@krim.org
등 록 번 호	제21-196호
등 록 일	1990년 9월 28일

한없는 축복의 보고

에베소서

이태웅 지음

목차

본 시리즈의 배경

『선교적 교회 제자훈련 성경공부 시리즈』는 지난 50여 년간의 경험을 토대로 하나님의 말씀 연구를 통해 어떻게 하면 우리에게 적합한 선교적 교회를 세우고, 제자훈련을 효과적으로 할 수 있을지 긴 숙고 끝에 이뤄진 것임을 밝히는 바이다.

본인은 지난 50여 년 전부터 한국교회의 성장과 학생 및 해외선교 단체를 통해 지도자들을 양성하기 위해 성경공부 교재들을 집필했다. "새생명을 얻는 방법"부터 시작해서 새 생명이 어떻게 자라는가에 초점을 둔 "새생명의 시작"을 집필했고, 그 외에도 여러 제자훈련용 교재를 집필해서 본국에서와 선교지에서 효과를 얻게 되었다. 이를 통해 하나님의 일꾼이 되기 위해서는 하나님의 말씀에 깊이 뿌리를 내리지 않으면 안 된다는 사실을 깨달았고, 지난 수십 년간 선교사를 훈련하면서 하나님의 말씀을 어떻게 공부하고 적용할 것인가라는 주제는 필수적인 커리큘럼의 일부가 되었다.

1990년 중반 북미주 복음주의 선교학자들이 복음과 문화의 관계를 연구하던 중에 선교적 교회(missional church) 이론이 탄생했다. 먼저는 북미주에, 그다음에는 세계로 퍼져 나갔다. 그러나 애처롭게도 그 열정은 기대보다 빨리 식어가는 듯 했다. 필자는 그 원인으로 제자훈련이 안 된 가운데 단순히 선교신학적 해답을 찾는 것만으로는 선교적 교회가 된다는 것은 불가능하다고 판단하고 본 시리즈를 시작하게 되었다.

하나님께서는 모든 교회가 선교적으로 되기를 절실히 원하신다(요 20:21-23).

이태웅

『선교적 교회 제자훈련 성경공부 시리즈』 추천사

『선교적 교회 제자훈련 성경공부 시리즈』는 사도행전을 큰 뼈대로 삼아 그 선교 역사의 흐름 속에 바울서신과 일반서신을 연결하여 각 책의 핵심 내용과 메시지를 현장감 넘치게 소개합니다. 교재마다 세부적인 체계의 차이는 있지만, 큰 뼈대는 대체로 일치합니다. 각 책을 시작할 때마다 그 책의 기원과 구조, 그리고 핵심 주제를 소개하는 서론이 나타납니다. 본론 은 단락마다 주제와 내용 요약을 제시하고, 본문 이해를 돕기 위한 질문들 과 이를 답변하는 데 도움을 주는 힌트를 제공합니다. 이어서 "이 과를 마 치면서"라는 결론으로 마무리됩니다. 그 사이사이에 다양한 소제목이 활 용되는데, 예를 들면 본문관찰, 본문묵상, 핵심메시지, 우리의 고백, 추가 적 연구, 적용하기, 그리고 나의 기도 등입니다.

이처럼 다양한 소제목은 큰 뼈대와 더불어 크게 두 가지에 관점을 가지 고 접근합니다. 첫째, 본문의 의미를 추구하는 것입니다. 이를 위해 역사적 배경, 어휘 연구, 문맥 관찰, 구조 연구, 핵심 메시지 탐구 등이 활용됩니 다. 둘째, 본문을 적용하는 것입니다. 이를 위해 묵상, 우리의 고백, 그리고 현대적 적용과 나의 기도 등과 같은 질문들과 도전들이 활용됩니다. 이 시 리즈의 교재를 하나씩 따라가다 보면, 독자는 사도들의 교회를 향한 사랑 과 선교를 위한 헌신에 깊이 공감하게 되고, 자신도 어느새 그 사랑과 헌 신에 동참하게 됨을 발견할 것입니다. 사도행전과 바울서신 그리고 일반

서신을 선교적 관점에서 일관성 있게 공부하고 적용하기를 바라는 목회자와 선교사들과 성도님들에게 이 시리즈를 적극적으로 추천합니다.

양용의 박사 에스라성경대학원대학교 신약학 교수 역임

변함없는 진리의 말씀인 성경과 변화하는 세상 속에 사는 우리 삶은 연결되어야만 합니다. 그것이 성경을 공부하는 이유입니다. 종종 성경공부 교재는 성경(text) 쪽 언덕에 집착하다 상황(context) 쪽 언덕에로의 연결이 약해 기독교판 주지주의(主知主義)로 빠지게 되거나, 반대로 상황 쪽 언덕에 집착하다 성경 쪽 언덕에로의 연결이 약해 주관주의로 빠지게 되는 것을 느낍니다. 『선교적 교회 제자훈련 성경공부 시리즈』는 평생 하나님의 말씀과 하나님의 선교에 헌신해 오신 이태웅 박사님의 평생의 노력이 한 곳에 모인 균형 잡힌 성경공부 교재입니다. 디모데가 바울이 보낸 디모데 전후서 편지를 받았을 때 느꼈을 따뜻한 가르침이 이 교재 페이지마다 진하게 느껴집니다. 노련한 하나님의 사람 이태웅 멘토님의 다정하고 자상한 가이드를 통해 우리는 그 말씀으로 이 상황을 어떻게 살고 섬겨야 할지를 배울 수 있습니다. 저자의 귀한 헌신과 노력이 이 땅의 말씀 사역자들에게 큰 축복이 될 것을 확신합니다.

양승헌 목사 세대로교회 담임, Ph.D.(트리니티 복음주의 신학교)

이 성경공부 시리즈는 본문 연구에 충실하면서도 구체적으로 선교적 적용을 하고 있습니다. 사도행전과 서신서들을 묵상하면서 선교적 영성을 닦고 제자도를 연마하는 데 크게 도움이 될 것입니다. 복음주의적인 성경 이해를 바탕으로 제자로서의 자신의 삶을 돌아보는 영적인 순례길의 좋은 안내자가 될 것이라고 믿습니다.

문상철 목사 카리스 교차문화학 연구원장, KRIM 창립원장 역임,
Ph.D. in ICS(트리니티 복음주의 신학교)

이번 이태웅 목사님이 집필하신 『선교적 교회 제자훈련 성경공부 시리즈』는 체계적으로 주님의 말씀을 공부함으로써 영적 성숙을 이룰 뿐만 아니라 선교적 그리스도인으로서 하나님의 선교에 참여할 열정을 품게 해줄 것입니다. 성경이 말씀하고 있는 선교적 삶을 살고자 하는 선교사와 선교적 그리스도인이 되고자 하는 사람이라면 누구나 쉽게 공부함으로 도움을 받을 수 있는 본 교재를 적극적으로 추천하는 바입니다.

주민호 선교사 침례교해외선교회(FMB) 회장(선교학 박사)

하나님의 백성이 튼튼해지는 길은 하나님의 말씀을 정기적으로 잘 먹고, 그 말씀대로 사는 것입니다. 『선교적 교회 제자훈련 성경공부 시리즈』는 그런 길로 친절하게 안내하고 있습니다. 본인은 실제로 미국 한인교회 청년들을 대상으로 본 성경공부 시리즈를 활용하면서 큰 성과를 거둔 경험이 있습니다. 이번 개정판이 21세기 상황에 더 적합하게 만들어진 것을 보니 더욱 기쁩니다.

변진석 목사 한국선교훈련원 원장 역임, Ph.D. in ICS(트리니티 복음주의 신학교)

선교라는 제목에도 불구하고 이 시리즈에서 선교가 잘 안 보인다면 이는 성경이 선교적이지 않거나 저자가 선교를 몰라서가 아니라 성경과 이 책을 보는 우리의 선교에 대한 오해 때문입니다. 그리스도인의 바른 정체성과 속성이 곧 선교적이었던 초기 교회의 모습을 바르게 보여 준다는 면에서 이 시리즈는 선교적 성경공부입니다. 이 책을 통해 말씀의 본래 의도를 깨달아 우리의 선교에 대한 오해가 선교의 이해로 거듭나기를 바랍니다.

권성찬 목사 한국해외선교회(GMF) 대표,
GBT 대표 및 위클리프 아시아-태평양 대표 역임, Ph.D.(옥스퍼드선교대학원)

에베소서 서문

성경은 어느 부분을 보더라도 깊고 오묘하지 않은 곳이 없다. 성경을 읽으면서 과연 그 누가 어떤 한 부분이라도 완벽히 이해했다고 말할 수 있는가? 본서와 같이 짧은 지침서를 읽을 때는 더욱 그런 주장이 쉽지 않을 것이다. 본 지침서는 에베소서를 좀 더 깊게 공부하고자 하는 개인과 그룹에게 도움과 길잡이가 되기 위해 만들어졌다.

1990년대 복음주의 진영의 '선교적 교회'(Missional Church Movement) 운동을 통하여 그동안 선교신학적으로 미완성 상태에 있었던 하나님의 선교(*missio Dei*)와 교회와의 관계가 복음주의계에서 정립되었다. 필자는 선교적 교회론이 이론으로 남지 않고 실제로 열매를 맺으려면 먼저 성경의 연구와 바른 이해가 절실하게 요구되기에 이 지침서를 내놓게 되었다.

특히 그룹으로 이 지침서를 사용하여 성경공부를 진행할 때, 예습의 기능을 활용한다면 가장 큰 효과를 얻을 수 있을 것이다. 그룹원들은 자신이 작성한 답을 그룹원들과 함께 나누며, 성경의 저자가 전달하고자 하는 본문의 의미를 함께 발견하고, 이를 적용하는 데까지 나아간다면 비로소 본문을 어느 정도 이해했다고 볼 수 있을 것이다.

이런 과정을 다 마친 후 본문에 대해 더욱더 심층적인 연구를 하는 단계로 이어질 수 있다. 이는 적절한 주석과 기타 또 다른 참고서적들을 활용해 본문에 대해 더 깊이 연구하는 과정이 될 것이다. 그렇게 몇 회를 반복하면서 본문을 익히고 묵상과 연구를 거듭하다 보면 비로소 본문이 주는 메시지가 무엇인지 더 분명하게 이해가 될 것이다. 그런 과정을 충실하게 이행함으로 얻은 본문의 메시지를 자신의 가치관과 세계관에 받아들일 때 우리는 그리스도의 형상을 점점 더 닮게 될 것이다. 그 결과 우리의 영성은 더욱 깊어지고 아울러 우리의 신앙도 더욱 성숙해지며, 그 결과 선교적인 사명도 충실하게 이행하게 될 것이다. 이 책에 언급된 '제자도'가 바로 그런 중요한 문고리 역할을 할 것이다.

이 지침서에 기록된 힌트들은 깊고 깊은 하나님의 말씀에 비하면 마치 우물에서 길어 올린 한 바가지 물에 비할 바도 못될 것이다. 그러나 하나님의 말씀을 사랑하고 더 깊이 공부하고자 하는 분들에게 본서가 에베소서의 내용을 이해하는데 조금이나마 보탬이 될 수 있기를 바란다. 참고로 이 지침서는 죠이 출판사에서 『축복의 보고』라는 이름으로 1984년 초판, 2011년 2판을 출판했고, 2023년 1월에 『한없는 축복의 보고』로 보증판을 출판한 바 있다.

2023년 12월 11일 개정
목동에서
이태웅

말씀은 소생시키는 힘이 있고, 운동력이 있고, 창조적이며, 사람들을 구원하며, 죄를 사하며, 사망을 이기고, 병을 고쳐주며, 생명을 불어넣어 준다. 이는 우주를 창조하시고, 구속하시고, 자유케 하신 하나님의 말씀이며, 이 말씀은 곧 그(하나님)의 음성인 것이다.[1]

---

1 제임스 데인, 『능력있는 설교』, 송헌복·이태웅 공역 (서울: 두란노서원, 1988), 49-50.

에베소서 개론

저자: 바울[2] 사도(1:1; 3:1)

집필 장소: 로마

중요한 구절: 1:3; 4:1, 11-12

목적

에베소서는 교회를 통한 하나님의 계획을 나타내기 위하여 쓰였다. 그러나 신학적인 면만 다루지 않고(1-3장) 그 당시 교회에 속한 사람이 실제로 어떤 생활을 해야 하는 것까지 다룬다(4-6장). 이를 통해 우리는 하나님 나라와 그 백성들의 참다운 모습과 삶에 대해서도 엿볼 수 있다. 즉 에베소서를 통해 교인들이 어떻게 주님의 제자로서 훈련을 받아 성장해야 하는지, 참된 교회에 대한 모습이 무엇인지 알 수 있다.

하나님의 나라는 교회보다 훨씬 더 완전하고 그 범위도 광대하다. 교회가 하나님 나라의 가치와 모습을 더 닮고자 할수록 원래 주님께서 의도하신 대로 교회다워진다. 주님이 3년간 제자들을 양육하신 결실로 세워진

---

[2] 일부 자유주의 신학자들은 이 서신이 바울에 의해 쓰인 것이 아니라고 주장한다. 그 이유로 ① 언어와 문체가 다르고, ② 신학이 다르고(교회론, 기독론, 사회론 등), ③ 유대인과 이방인이 서로 다투는 내용이 없다는 점을 들어 AD 70년 이후의 작품이라고 추정한다. 그러나 ① 교부들이 이를 받아들였고, ② 서신마다 약간씩 용어와 문체는 다를 수 있다는 점, ③ 역사적 배경(2:11-23; 3:1-13) 등이 로마서를 쓸 때와 크게 차이가 없는 것을 미루어 보아 바울 사도가 에베소서를 썼다고 말할 수 있다. Walter L. Liefeld, *Ephesians*, The IVP New Testament Commentary Series (Downers Grove: IVP, 1997), 14-20.

교회가 그 증거이다. 바울 사도는 에베소서를 통해 교회가 어떻게 하면 하나님의 나라의 가치를 더 잘 실현할 수 있는가를 가르친다.

특히 그중에서도 교회의 본질 중 하나인 사도성(선교적 성격)을 교회가 발견하게 하는 데 이바지했다.[3]

1990년 중반 일련의 복음주의 선교학자들 사이에 일어나기 시작한 선교적 교회론(missional church)에 관한 논의는 교회론의 중요한 가르침이 되었다. 이 운동의 핵심은 삼위일체 하나님의 속성(본질)이 '선교적'이기 때문에 하나님께서 세상에 보내신(요 20:20-21) 교회도 예수님을 본받아 '선교적'인 성격을 갖게 되었다고 주장한다. 에베소서를 공부하는 모든 교회와 선교사들이 주님의 제자로 성장해 가면서 하나님의 속성을 본받아 선교적인 삶을 살게 되기를 바란다.[4]

중요 내용

- 삼위일체 하나님의 역할(1:1-14)
- 교회(몸 1:23; 4:16, 성전 2:20-22, 신부 5:22-32)
- 기도문(1:15-23; 3:14-21)
- 성령님의 사역(1:13-14; 4:1-16)
- 성령 안의 교제(5:1-21)
- 성도들의 영적 싸움(6:10-20)

---

[3] 교회의 사도성의 '선교적, 파송적'(sentness) 양상: 교회론의 본질은 선교적이며, 하나님의 구속적 통치에 전적으로 참여하기 위해 성령에 의해 위임된 자들을 의미한다. 사도성의 또 다른 의미로서 12사도들과 같이 주님으로부터 직접 임명된 권위자들을 가리킬 수 있다. 크레이그 밴 겔더, 『교회의 본질』, 최동규 역 (서울: CLC, 2015), 192-95.

[4] 에베소서는 교회가 선교적 교회(missional church)로 성장할 수 있는 원리를 다수 포함하고 있다고 본다. 특히 본문 4장에서는 주님께서 열두 제자를 훈련하신 것을 교회가 어떻게 적용하여 제자들의 사역과 같은 효과를 얻을 수 있을지 알게 해 준다. 따라서 에베소서를 공부함으로써 선교적 교회의 성격을 띤 교회들이 탄생할 수 있을 것이다. 또한 예수님의 제자훈련을 통해 제자들이 성장한 것처럼 본서는 현대 교회의 성도들이 선교적인 삶을 살 수 있도록 성숙한 제자로 훈련하는 데에도 도움이 될 것이라 믿는다. 선교적 교회론과 제자훈련의 연관성에 대해서는 다음의 글을 참고하기 바란다. 밴 겔더, 『교회의 본질』, 232-33; 이태웅, "교회와 제자: 하나님의 최상의 선교전략" 『한국 선교운동과 선교사: GMTC가 함께 걸어온 길』 (서울: 한국해외선교회출판부, 2021), 263-78.

개요

1 부 교리적인 부분(엡 1-3 장)

제 1 과 한없는 성부의 사랑하심(1:1-6)

가. 인사말(1:1-2)

나. 한없는 성부의 사랑(1:3-6)

제 2 과 그리스도의 은혜와 성령님의 도우심(1:7-14)

가. 풍성한 그리스도의 은혜(1:7-12)

나. 변함없는 성령님의 도우심(1:13-14)

제 3 과 그리스도 안에 있는 사람들의 감사와 간구(1:15-23)

가. 감사할 내용(1:15-16)

나. 간구할 내용(1:17-23)

(1) 하나님에 대한 진리들을 더 깊이 깨닫는 것(1:17-18 상)

(2) 소망에 대한 사실을 더 온전히 이해하는 것(1:18 하)

(3) 하나님의 능력을 더 잘 알게 되는 것(1:19-23)

제 4 과 한량없는 은혜(2:1-10)

가. 자격 없는 자를 살리시는 하나님의 은혜(2:1-7)

나. 인간의 도움이 필요하지 않은 하나님의 은혜(2:8-9)

다. 인간의 전 인격에 영향을 주는 하나님의 은혜(2:10)

제 5 과 새로운 신분(2:11-22)

가. 새 신분이 보장됨(2:11-13)

나. 새 관계가 보장됨(2:14-18)

다. 새 거처가 보장됨(2:19-22)

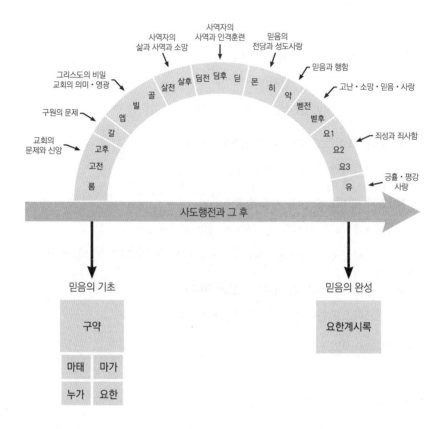

사도행전과 그 이후 강조된 주제의 관점에서 본 분류[5]

사역자의
사역과 인격훈련

사역자의
삶과 사역과 소망

믿음의
전당과 성도사랑

그리스도의 비밀
교회의 의미·영광

믿음과 행함

구원의 문제

고난·소망·믿음·사랑

교회의
문제와 신앙

죄성과 죄사함

긍휼·평강
사랑

살전 딤전 딤후 딛 몬 히 약 벧전 벧후 요1 요2 요3 유

빌 골 살후

엡 갈

고후

고전

롬

사도행전과 그 후

믿음의 기초

구약

마태 마가

누가 요한

믿음의 완성

요한계시록

---

5 누가 선생은 주님께서 승천하신 후 처음으로 교회가 어떻게 탄생했으며(행 2:37-42), 교회가 그들을 어떻게 제자훈련을 시켰으며(행 2:44-47), 그들도 성장하여 선교할 수 있게 양육하였는가에 대한 지침을 제시했다고 볼 수 있다(행 1:8; 20:17-35). 선교가 이뤄진 곳마다 제자들 (교인들)의 성장을 위해 자기 생애를 쏟아가며 양육한 것이 또한 좋은 예이다(서신서들과 행 20:18 의 예). 1990 년대에 복음주의 세계를 놀라게 한 '선교적 교회론'과 관련된 여러 논문도 이런 근거 위에 형성된 것이라 본다. 그와 같은 사실을 간단한 도식을 통해 필자가 표현했다. **＊ 매 과를 공부할 때마다 그 내용을 확인하고, 선교 대상들(본인 포함)이 어떻게 주님의 제자로서 성장할 수 있는가를 깊이 숙고하기 바란다.**

사도행전과 그 이후에 기록된 서신서의 관점에서 본 분류[6]

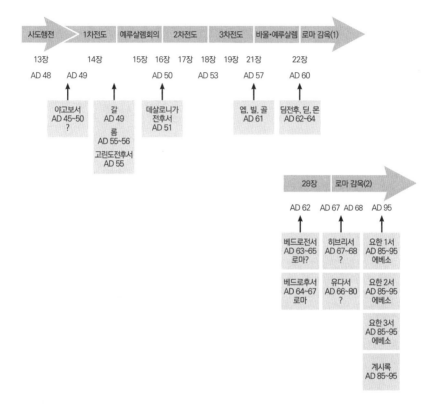

---

6 교회가 탄생한 후 선교와 제자를 양육하는 것이 병행해서 이뤄진 것을 필자가 도식으로 표현하였다. 특히 에베소서에는 제자도를 위한 원리가 소상하게 나타났다(엡 4:7-16). *** 교회가 본질적으로 선교적이며, 이를 위해 제자도(훈련)가 필연적인 사실임을 나타내 주고 있다는 뜻이다.** 이런 사실은 1990 년대에 일련의 선교학자들에 의해 '선교적 교회론'으로 정립된 바 있다. Patrick Schreiner, "What We Would Be Missing If We Didn't Have the Book of Acts," *Crossway Articles*, January 04, 2022; Book Talks with Patrick Schreiner: The Mission of the Triune God," posted by Matthew Hines, January 25, 2022, https://www.mbts.edu/2022/01/booktalks-with-patrick-schreiner-the-mission-of-the-triune-god; Michael W. Goheen, ed. *Reading the Bible Missionally* (Grand Rapids: Eerdmans, 2016), 27.

제 1 부

교리적인 부분

1

한없는 성부의 사랑하심

에베소서 1:1-6

삼위일체 하나님께서는 그리스도를 통하여 한없는 은혜와 평강을 우리에게 선물로 주신다. 이는 우리가 죄로부터 돌이키고 그리스도를 우리의 구주와 주인으로 모실 때 처음으로 체험한 것이다. 그 후로 은혜와 평강은 마치 영원히 마르지 않는 샘물처럼 우리 속에서 계속 솟아 나와 우리의 마음과 생각을 흠뻑 적셔 주시고, 우리로 하여금 풍성한 삶을 살게 해 주신다. 누구든지 이 물을 마시게 되면 더 이상 목마르지 않는 것도 바로 이 때문이다(요 4:14). 찬송가 526장 "목마른 자들아"는 이런 내용을 잘 나타내 주고 있다. 이 찬송을 조용히 부르면서 본문을 묵상하기 바란다.

가. 인사말(1:1-2)

질문 바울 사도는 자신을 어떻게 소개하고 있는가? 당신은 현재 하나님의

뜻 가운데 있다고 말할 수 있는가? 당신에 대한 하나님의 뜻은 무엇
이라고 생각하는가(1:1)?

....

....

....

....

질문 이 은혜와 평강의 근원이 어디에 있는가(1:2)?

....

....

....

....

나. 한없는 성부의 사랑(1:3-6)

질문 하나님 아버지께서는 그리스도 안에서 우리에게 무엇을 주셨는가(1:3)?

....

....

....

힌트

하늘에 속한 모든 신령한 복이 그리스도 안에서 주어졌다. 이와
같은 복은 우리를 위해 이미 천국에 확보해 놓은 것이다(1:3).

예수 그리스도는 하늘에서 하나님 우편에 앉아 우리를 대변(代
辯)하시면서(히 4:15-16; 7:25; 요일 2:2), 우주를 통치하시고(엡
1:20; 2:6; 3:10; 6:12), 장차 우리를 위해 재림하실 것이다.

질문 우리를 선택하신 이유가 무엇인가(1:4)?

....

....

....

힌트

> **거룩(holy, 4 절):** 이는 단순히 하나님께 드려지기 위해 하나님의 은
> 혜로 말미암아 법적으로 깨끗해진 그 자체만을 의미하는 것이 아니
> 다.[1] 하나님께서 우리를 의롭다고 선언하신 대로 실제 우리들의 깨
> 끗한 생활을 통해 나타내는 의(義)까지도 포함한다.[2]
>
> **흠이 없게(blameless, 4 절):** 구약시대에 제물을 택할 때 완전한 것
> 을 택하여 하나님께 드렸는데, 우리도 그렇게 완전해질 수 있도록
> 선택함을 받은 것이다.
>
> 히브리서 9:14 과 베드로전서 1:19 에서 그리스도는 흠이 없으신
> 분이며, 에베소서 5:27 에서는 교회에 대해서도 흠이 없게 되기를
> 원한다고 말한다. 그리스도인들에게 마지막 날 주님을 만날 때 점
> 도 없고 흠도 없게 되기를 힘쓰라고 권하며(벧후 3:14), 하나님께서
> 친히 우리가 그렇게 되도록 돕고 계신다(유 1:24; 빌 2:12-13).

질문 하나님께서 창세 전부터 우리를 선택하셨다는 사실은 우리에게 어떤
의미가 있는가(1:4)?

....

....

---

1 Skevington A. Wood, *Ephesians*, The Expositor's Bible Commentary (Grand Rapids: Zondervan, 1978), 24.
2 본문에서 말하는 의(義)는 죄를 회개하고 예수 그리스도를 구세주로 영접하는 사람들에게 하나님께서 은혜로 의롭다 함을 선물로 주신 상태로 칭의(稱義)라고도 한다.

힌트

> 만일 당신이 주님을 구원자요 주인으로 영접한 경험이 있다면 그것은 하나님께서 당신을 창세 전부터 선택해 놓으셨기 때문이다. 이 얼마나 뿌리 깊은 사랑인지! 만일 그리스도를 영접한 경험이 없다면 지체 없이 죄를 회개하고 이 은혜와 축복을 받으라.

질문 본문은 우리를 택하신 하나님을 어떻게 설명하고 있는가(1:3-4)?

....

....

....

....

힌트

- 모든 축복의 원천
- 그리스도 예수의 아버지
- 우리의 아버지
- 은혜와 평강의 근원(1:2)
- 하늘에 속한 모든 신령한 복을 주시는 분(3:3)

질문 하나님께서 우리를 창세 전부터 예정해 놓으신 결과 하나님과 우리는 어떤 관계가 되었는가(1:5)?

....

....

....

....

힌트

> **아들과 딸(adoption, 5절)**: 당시 로마법에서는 누구든지 양자나 양 녀로 삼게 되면 그는 친아들과 딸로서 똑같은 권리를 소유하도록 규정했다.

질문 하나님께서는 어떤 근거에 따라 우리를 예정하셨는가(1:5-6)?

힌트

> **그 기쁘신 뜻대로(5절)**: 하나님의 뜻은 우리가 하나님의 아들과 딸 이 되는 것이다. 이는 창세 전부터 예정하신 것인데 우리가 그리스 도 안에 들어가는 순간 실현된다.
>
> **거저 주시는 바(6절)**: 창세 전부터 은혜가 나타났으나 그리스도께 서 십자가에 못 박혀 돌아가실 때 그 은혜가 극치에 달하게 되었 다. 앞으로 주님께서 재림하실 때 우리는 이 은혜를 무한대로 체험 하게 될 것이다.
>
> **사랑하시는 자 안에서(6절)**: 4절에 나오는 "사랑 안에서"는 사실상 5절에 적용된다고 보는 것이 원문에 더 가깝다. 우리를 아들과 딸 이 되도록 예정하신 가장 깊은 동기는 우리를 사랑하신 하나님의 크신 사랑 때문이다(2:4).

질문 이 모든 것의 최종적인 목적은 무엇인가? 우리를 영원 전부터 택하신 하나님의 은혜와 영광을 찬양하고 한마디씩 돌아가며 기도하라(1:6).

이 과를 마치면서

우리는 하나님의 사랑에 대해 일평생 깨닫는다 해도 다 알 수 없을 것이다. 그 사랑이 얼마나 큰지 본문에서 말씀하고 있지만 이것도 빙산의 일각일 뿐이다. 지금 우리는 하나님의 사랑을 부분적으로 아는데도 불구하고 깊은 사랑을 느낀다. 우리가 하나님을 실제로 뵙게 될 때 그 사랑의 실제를 마주한 기쁨은 말로 다 표현할 수 없을 것이다. 그 사랑이 얼마나 방대하고 얼마나 절묘한지 묵상하면 묵상할수록 감탄이 만발하게 된다. 하나님께서 친히 우리 아버지가 되신다는 그 자체가 상상할 수 없는 일이기 때문이다. 특히 우리가 하나님을 '아바 아버지'라 부를 수 있고, 또 우리가 부를 때마다 응답하신다는 점은 말로 다 할 수 없이 기쁜 하나님의 자녀됨의 특권 중의 특권이다. 그리스도를 믿는 자들에게 이런 축복을 주신 것뿐만 아니라 우리가 서로 교제할 수 있는 교회 공동체까지 주셔서 교회 안에서 성령님의 관리도 받게 하셨다. 이 과에서 우리를 위한 하나님의 사랑과 치밀한 계획에 대해 볼 수 있도록 하신 것에 대해 하나님께 영광과 찬송을 드린다. 이러한 기쁜 소식, 곧 복음을 우리만 가지고 있지 말고 모든 족속에게 알려야 할 것이다.

나의 기도

하나님 아버지, 우리는 이런 사랑을 받을 자격이 없는 사람들입니다. 그런데도 우리가 받은 기쁜 소식, 복음 때문에 이렇게 큰 사랑을 받게 해 주신 것에 대해 감사와 찬양을 드립니다. 다시 한번 복음이 얼마나 깊고, 얼마나 귀중한 것인가를 알게 되었습니다. 하나님 아버지, 저희를 깊이 사랑해 주시고 영원토록 사랑하시는 아버지가 되어 주셔서 감사합니다. 아버지가 되시는 하나님께 경배와 찬양을 드립니다. 세상 모든 사람들이 우리와 같은 축복을 받게 되기를 간절히 기도합니다. 아멘.

적용하기

1. 하나님 아버지와 우리 주 예수 그리스도께서 주시는 은혜와 평강을 얼마나 경험하고 있는지 평가해 보고, 만일 메말라 있는 상태라면 본문 말씀을 읽고 묵상함으로써 다시 회복하기를 힘쓰라.

....

....

....

....

2. 하나님 아버지께서는 우리를 구원하시기 위해 어떤 일을 행하셨는지에 대해 묵상하고, 이로써 우리가 받은 구원이 얼마나 크고 오묘한 것인가를 재확인하라.

....

....

....

....

3. 우리만 이런 사랑을 누리지 않고 세상 모든 족속이 함께 누릴 수 있도록 우리가 해야 할 역할(소명)을 알려 달라고 기도하라.

....

....

....

....

2

그리스도의 은혜와 성령님의 도우심

에베소서 1:7-14

그리스도 안에 있는 우리에게는 하나님 아버지의 한없는 사랑만 있는 것이 아니다. 우리에게는 풍성한 그리스도의 은혜와 변함없는 성령님의 도우심도 있다. 다시 말해 성 삼위일체 하나님(성부 하나님, 성자 하나님, 성령 하나님)께서 한결같이 우리와 함께하시며 우리를 위해 독특한 방법으로 일하신다. 구체적으로 삼위일체 하나님께서 어떻게 역사하시는지 알아보자.

가. 풍성한 그리스도의 은혜(1:7-12)

질문 본문은 우리가 어떻게 죄의 노예가 된 상태로부터 해방되었다고 말하는가(1:7)?

힌트

속량 또는 구속(redemption, 7 절): 원래는 소정의 대가를 지급하고 포로나 죄인들을 석방하는 것을 의미한다. 본문의 경우는 그리스도께서 몸소 우리를 대신하여 "그의 은혜의 풍성함을 따라" 한없이 큰 대가[1]인 주님의 생명(주님의 보혈)을 십자가상에서 희생제물로 드림으로써 죄가 용서받았다고 말한다.

피(blood, 7 절): 히브리인에게 '피'는 곧 난폭한 죽음을 상징하며, 피를 쏟는다는 것은 곧 죽는 것을 의미한다.[2] 엄격히 말해서 피는 생명을 상징하며, 우리 대신 피를 흘리셨다는 것은 주님께서 우리 죄에 대한 대가를 십자가상에서 치렀다는 의미이다. 그리스도는 우리를 구속하시기 위해 자신의 생명을 드린 것이다.

사함(forgiveness, 7 절): 레위기(16:20-22)에서는 일 년에 한 차례씩 이스라엘 백성들이 염소를 멀리 떠나보내는 예식을 거행했다. 그때 백성들은 염소의 머리에 손을 얹은 후 그 염소가 광야로 멀리 사라지는 것으로 대속(代贖)을 받아들였다. 이 예식은 우리 대신 십자가에서 흘리신 그리스도의 보혈을 통해 우리 죄가 완전히 사해질 것에 대한 예표 중의 하나이다. 하지만 그리스도의 보혈은 그 어떤 예식보다 더 근본적으로 우리 죄를 용서할 수 있는 능력이 있다.[3]

죄(trespasses, 7 절): 여기서는 죄를 짓는 행위들(sins, 죄들) 그 자체를 가리킨다. 반면 골로새서 1:14 에서는 죄의 본성(sin, 죄성)을 가리킨다. 죄를(죄들과 죄의 본성) 회개하고 주님을 구세주로 영접하는 이들은 그리스도의 대속의 피로써 구원을 받는다.[4]

---

[1] Wood, *Ephesians,* 25. "It was very lifeblood of Christ himself, poured out in death." 그 피는 주님께서 직접 죽으시면서 흘리신 피 그 자체를 의미한다(필자 역).

[2] Leon Morris, *The Cross in the New Testament* (Exeter: Paternoster Press, 1965), 219; Wood, Ephesians, 25 에서 재인용.

[3] Wood, *Ephesians,* 25.

[4] Wood, *Ephesians,* 25. 본문은 우리가 범하는 죄들(sins)에 대해 말한다. 반면에 골로새서 1:14 은 죄성(sin)에 대한 것으로 우리의 구원, 곧 주님의 보혈로 죄 사함을 받는다는 것은

질문 하나님께서 우리에게 지혜와 총명을 주신 이유는 무엇인가(1:8-12)?

....

....

....

....

힌트

지혜(wisdom, 8 절): 실체를 올바로 이해하고 판단하는 지력(智力)

총명(insight, 8 절): 옳은 행동으로 인도하는 이해와 분별력

비밀(mystery, 9 절): 과거에는 감춰져 있었으나 지금은 알려진 신비스러운 하나님의 진리를 말한다. 이 단어는 에베소서에서 여러 번 사용된다(3:3-4, 9; 5:32; 6:19). 그 밖에 골로새서 1:26 과 마태복음 13:11 에도 사용된다.

경륜(administration, 9 절): 기본적으로 가정을 관리한다는 뜻이지만 여기서는 하나님의 구원 계획을 이행한다는 의미이다. 이 구절은 하나님의 영원하신 계획이 무엇인가를 말씀해주고 있다. 어느 날 온 우주가 실제로 그리스도의 발 앞에 굴복하게 될 것에 대한 과정을 의미한다.

기업(inheritance, 11 절): 이스라엘을 선택하여 하나님의 백성이 되게 하셨듯이 이제는 이방인인 우리를 택하여 상속자의 대열에 속하게 하셨다.

우리가 범하는 죄들만이 아니라 아담과 하와가 타락한 후 우리에게 물려준 죄성까지도 용서함을 받는다는 것을 의미한다.

하나님께서 우리를 구속하셨을 때 은혜를 한없이 부어 주셨다(lavished, 7절). 그뿐만 아니라 지혜와 총명도 부으셔서(lavish, 8절) 우리의 영적 눈을 뜨게 하셨다. 영안(靈眼)이 뜨여진 우리에게 나타난 이 비밀은 정말 놀라운 것이다. 그 내용은 창세 전부터 이미 계획된 것으로 만물이 다 그리스도께 굴복하고, 그때 우리(교회)도 그리스도와 함께 온 우주를 통치하시는 하나님 나라의 상속인이 될 것이다. 더 놀라운 사실은 하나님께서 이 모든 것을 영원 전부터 계획하고 계셨다는 점이다. 이런 사실을 바울 사도는 다음과 같이 말한다.

> 모든 일을 그의 뜻의 결정대로 일하시는 이의 계획을 따라(하나님의 주권적인 의도) 우리가 예정을 입어(구약의 선민과 똑같이) 그 안에서 기업이 되었으니(하나님의 자녀가 되어 선민으로서 누리는 모든 혜택을 받았으니)(1:11).

로마서 9-11장도 하나님의 주권에 대해 이와 같은 맥락에서 말하고 있다.

나. 변함없는 성령님의 도우심(1:13-14)

질문 우리의 구원은 진리의 말씀을 듣고 이를 믿음으로만 가능하다. 이렇게 구원을 받은 사람에게 성령께서 어떻게 역사하시는가? 성령으로 인치심을 받는다는 것은 무슨 뜻인지 서로 나누고, 자신이 성령의 인침을 받았던 경험을 나누라(1:13).

힌트

> **인치심(sealed, 13 절):** 이는 문서의 신빙성을 증명하기 위해, 또는 물건의 소유주를 나타내기 위해 도장을 찍는 행위를 의미한다. 어떤 직위에 있는지를 나타내기 위하여 사용하는 일종의 도장이다.[5] 성령께서는 우리가 복음을 듣고 믿는 순간 우리가 하나님의 자녀이며 이제 우리의 주인은 하나님이심을 인치시고, 이를 온 우주와 세상에 선포하신다.

질문 성령께서 "우리 기업의 보증"이 되셨다는 것은 무엇을 의미하는가 (1:14)?

....

....

....

....

힌트

> **보증(pledge, 14 절):** 상업적인 용어로 계약금이나 약혼반지라는 의미가 있다. 바울 사도는 성령께서 신자들의 마음속에 내주하시는 것(인치심)을 장차 우리에게 주어질 모든 천국의 보화와 생활에 대한 보증서(保證書)로 인식한다.[6]

---

[5] Wood, *Ephesians*, 27.
[6] Wood, *Ephesians*, 27.

이 과를 마치면서

주님께서 공생애를 시작하셨을 때 "회개하라 천국이 가까웠느니라"(마 4:17)고 선포하셨다. 이 말씀이 얼마나 함축적이었는지 이 과를 통해 어느 정도 이해했을 것이다. 주님은 이 단순한 방법(회개하고 주님을 좇는 것)으로 하나님 나라에 들어갈 수 있다고 하시며, 복음서 전체를 통해서 하나님의 나라에 들어온 사람이 누릴 축복과 의무에 대해 말씀하신다. 우리는 본문을 통해서 하나님 나라의 축복을 확인할 수 있다. 달리 말하면 삼위일체 하나님께서 지금 어떤 역할을 하고 계신가에 대한 것이기도 하다. 즉, 삼위일체 하나님의 각 위(位, Person of God)마다 어떤 역사를 하고 계시는지 이 본문을 통해 좀 더 잘 이해할 수 있다. 우리의 구원은 단지 천국에 들어가는 패스포트(passport)만이 아니라 한없는 축복도 함께 주심을 의미한다. 속히 이 사실을 세상 모든 족속에게 알려 그들도 한없는 축복을 누리도록 힘쓰자.

나의 기도

하나님 아버지, 이런 엄청난 축복을 우리에게 주신 것을 생각할 때 감사함을 말로 다 형언할 수 없고, 그 무엇으로도 우리의 고마움을 다 표현할 수 없습니다. 그 많은 찬송가 작가들이 만들어 놓은 찬송가를 다 불러도 다 찬양할 수 없으며, 우리가 온 생애를 바쳐서 선교에 참여해도 그 고마움을 다 표현할 수 없습니다. 우리가 가진 그 어떤 것으로도 결코 다 갚지 못합니다. 다시 한번 삼위일체 하나님의 역사를 통해 나타난 하나님 나라의 복을 우리에게 은혜로 주신 사실을 본문을 통해 더 잘 알게 되었습니다. 우리만 이 복을 누리지 말고 하루속히 세상 모든 족속이 함께 하나님의 구원과 은혜를 누릴 수 있도록 우리가 열심히 하나님의 나라에 대해 전할 수 있도록 도와주시기 원합니다. 아멘.

적용하기

1. 하나님께서 창세 전부터 우리를 자녀로 삼을 것에 대해 예정하셨다. 이 계획에 따라 우리를 택하시고 정한 때에 그 아들을 보내어 대속하사 우리를 구원하셨다. 우리를 향한 하나님의 한없는 사랑을 더 깊이 깨닫도록 기도하고, 그 결과를 자신의 영적 유산으로 받으라.

....

....

....

....

2. 하나님의 아들 예수 그리스도께서 성육신하시고 우리를 위해 친히 십자가를 지심으로 우리를 구속하기 위해 베푸신 한없는 은혜가 지금 우리 삶 속에 풍성하게 넘쳐흐른다는 것을 깊이 묵상하고 이를 더 많이 누리라.

....

....

....

3. 성부와 성자께서 우리에게 주시는 한없는 축복이 영원히 변하지 않을 것이라는 사실을 보증하기 위해 우리에게 성령을 보내 주셨다. 또 성령께서는 우리 마음속에 영구히 내주하시면서(인치심) 우리를 보호하시고, 인도하시고, 한 길을 가는 제자로서 계속 성장하도록 역사하신다. 이에 대해 깊이 묵상하고 확신 가운데 앞으로 더욱 열심히 이 길을 가겠다고 결심하라.

....

....

....

4. 하나님의 나라 복음이 세상 모든 족속에게 전해질 수 있기 위해 자신이 해야 할 역할(소명)이 무엇인지 발견하고, 자신의 소명에 따라 평생 선교적인 삶을 살아가라.

3

감사와 간구(懇求)

에베소서 1:15-23

에베소서는 단순한 교리서가 아니다. 에베소서는 기도와 예배의 분위기 가운데 쓰인 신학책이기도 하다(특히 1-3장). 선택, 예정, 구속, 성도의 기업(基業) 등 여러 가지 신학적인 주제들에 대해 1:3-14에서 다룬 후에 바울 사도는 즉시 감사 찬양과 기도로 하나님께 예배를 드렸다. 그는 이어서 성도들이 하나님의 깊은 진리들에 대해 더 깊이 깨달을 수 있게 해달라고 기도했다. 우리도 이 내용을 공부하면서 하나님께서 우리를 위해 예비해 놓으신 것에 대해 깨닫고 한없는 감사를 드리자.

가. 감사할 내용(1:15-16)

질문 바울 사도는 에베소 교인들의 어떤 면에 대해 듣고 감사하였는가? 그 말씀에 자신의 내적 모습을 비추어 보고, 자신의 신앙생활은 어떠한지 반성해 보라(1:15).

질문 바울 사도는 에베소 교회가 소유한 영성(믿음과 모든 성도를 위한 사랑)을 잃어버리지 않도록 이를 기억하며 쉬지 않고 기도했다. 우리는 이와 관련하여 어떤 교훈을 받아야 하는지 서로 나누라(1:16).

힌트

에베소 사람들에게 '믿음'과 모든 성도를 향한 '사랑'이 있었음을 볼 수 있다. 하나님께서는 우리도 이와 같은 믿음과 사랑을 갖기를 원하신다(히 11:6 참조). 사랑의 열매가 없는 믿음은 균형을 잃은 믿음이기 때문이다. 야고보 선생이 언급한 세 가지 종류의 믿음을 생각해 보라. 죽은 믿음, 귀신적인 믿음, 헛된(빈껍데기) 믿음에는 반드시 책망이 따를 것이다(약 2:17, 19, 20). 이는 잎사귀만 무성한 무화과나무와 같다. 예수님도 열매 없는 무화과나무를 책망하신 적이 있다(막 11:12-14). 바울 사도는 '믿음'과 '사랑'을 동시에 소유한 에베소 교인들을 위하여 하나님을 더 깊이 깨닫고 더 깊은 축복을 체험할 수 있게 해달라고 기도했다.

나. 간구할 내용(1:17-23)

질문 바울 사도는 하나님을 어떤 분으로 묘사하고 있는가(1:17 상)?

....

....

힌트

> 바울 사도는 본문에서 하나님을 "우리 주 예수 그리스도의 하나
> 님, 영광의 아버지"라고 말했다. 이 호칭은 자칫 예수 그리스도께서
> 하나님이 아니시고 하나님 아버지만이 하나님이라는 뜻으로 잘못
> 이해될 수 있다. 그러나 예수 그리스도는 완전한 하나님이시고(요
> 1:1; 10:30; 빌 2:6), 성령님도 완전한 하나님이시다. 성부, 성자, 성
> 령 사이에는 놀라운 질서와 연합이 있고 놀라운 소통이 있다. 더
> 나아가서 삼위가 일체를 이루어 삼위일체의 하나님이 되신다. "예
> 수 그리스도의 하나님"이란 표현은 이러한 질서상의 위치를 말하는
> 것이지 본질적인 차이점을 말하는 것은 아니다.[1]

질문 우리가 하나님에 대해 더 깊이 깨달아야 하는 영역은 수없이 많다. 그
이유는 원래 하나님께서는 무한히 크신 분이기 때문이다. 본문은 여러
가지 방법 중에서도 어떻게 하면 하나님을 더 깊이 알 수 있는가에
대해 아주 중요한 단서를 우리에게 보여 준다. 이를 서로 나누고 자신
의 삶에 적용하라(1:17 하).

....

....

....

---

1 S. M. Baugh, *Ephesians*, ESV Study Bible (Wheaton: Crossway, 2008), 2263.

> 지혜와 계시의 영(a spirit of wisdom and of revelation [NASV], 17절): 문법상으로는 '계시의 영'도 될 수 있고, '계시의 성령'도 될 수 있다. 대부분의 주석가는 지혜와 계시의 영의 의미를 지혜와 성령의 영의 의미로도 받아들이고 있다.[2] 이것이 사실이라면 성령께서는 우리에게 지혜만 주시는 것이 아니라 하나님 자신도 알게 해 주신다(disclose, 계시). 성령께서 우리에게 영안(靈眼)을 주시지 않는다면 우리는 하나님을 알 수 없다. 모든 인간은 하나님께서 먼저 자신을 계시해 주시지 않으면 하나님을 알 수 없다. 물론 자연을 통해 피상적으로는 알 수 있으나(롬 1:20) 그것만으로는 인격적인 하나님을 알기 어렵다. 하나님께서는 성경을 통하여 우리에게 필요한 하나님에 대한 지식을 모두 계시해 놓으셨다. 그렇게 계시해 놓으신 사실조차도 성령님의 도우심이 없다면 우리는 알 수 없다.
>
> 누구든지 그리스도를 믿고 구원을 받게 되면 하나님을 알 수 있게 된다. 다만 본문은 좀 더 깊이 하나님을 알기 위해 기도한 것이다. 우리는 우리의 창조주가 되시며 구세주가 되시는 하나님을 더 깊이 알기 위해 기도해야 한다. 다음과 같은 시편 기자의 간구가 곧 우리의 것이 되도록 힘쓰라.
>
> > 하나님이여 사슴이 시냇물을 찾기에 갈급함 같이 내 영혼이 주를 찾기에 갈급하나이다(시 42:1).

질문 바울 사도는 우리가 장차 얻을 기업의 매우 영광스럽고 풍성한 것에 대하여 무엇이라고 말하는가(1:18)?

....

....

---

2 H. C. G. Moule, *Studies in Ephesians* (Grand Rapids: Kregel, 1977), 57; Wood, *Ephesians*, 29.

힌트

그리스도인들이 하나님 나라에 입문하게 될 때 무엇을 그들의 기업으로 받을 것이라는 사실을 미리 알 수 있다면 지상에서 우리의 생활은 현저하게 달라질 것이다. 우리는 이 소망을 현재에도 믿음의 눈으로 부분적으로나마 볼 수 있을 뿐만 아니라 부분적으로 경험할 수도 있다. 그것은 요한계시록이나 데살로니가전서 4장 등 주님의 재림 후에 있을 사실들을 기록하여 놓은 부분을 자주 읽어보는 것을 통해서 가능하다. 주님께서는 어느 날 재림하시고 친히 우리와 함께 계시면서 "모든 눈물을 그(우리) 눈에서 닦아 주실 것이다." 그리고 "다시는 사망이 없고 애통하는 것이나 곡하는 것이나 아픈 것이 다시 있지 아니하리니"라고 우리를 위로해 주시며, "보좌에 앉으신 이가 이르시되 보라 내가 만물을 새롭게 하노라"고 말씀하실 것이다(계 21:4-5).

그리스도인에게는 죽음이 끝이 아니다. 우리에게는 부활이 기다리고 있다. 우리는 천국에서 영원히 살게 된다. 그때 우리에게는 완전한 공의가 이루어질 것이고 위로와 상이 있을 것이다. 부활에 대해 기록된 고린도전서 15장에서 바울 사도가 다음과 같이 외칠 수 있었던 점도 바로 이 때문이다.

> 그러므로 내 사랑하는 형제(자매)들아 견실하며 흔들리지 말고 항상 주의 일에 더욱 힘쓰는 자들이 되라 이는 너희 수고가 주 안에서 헛되지 않을 줄 앎이라(고전 15:58).

질문 바울 사도는 "그의 힘의 위력으로 역사하심을 따라 믿는 우리에게 베푸신 능력의 지극히 크심이 어떠한 것을 너희로 알게 하시기를 구하노라"고 말했는데, 그 능력의 성격에 대하여 설명하라. 그와 같은 하나님의 능력을 알게 되었을 때 우리의 신앙생활은 어떻게 변할 수 있다고 믿는가(1:19-23)?

힌트

　하나님의 능력은 첫째, 그리스도를 죽은 자 가운데서 부활케 하셨다(20 절). 그 능력으로 우리도 부활케 하실 것이다. 둘째, 그 능력으로 그리스도를 하나님 우편에 앉히시어 모든 세력보다 뛰어나게 하셨다(20-21 절). 셋째, 바울 사도는 하나님의 능력이 그리스도 안에서 역사하시며, 통치(rule, 정권)와 권세(authority, 권위)와 능력(power, 모든 능력이 있는 것)과 주권(dominion, 다스리는 입장의 모든 자)과 이 세상과 오는 세상에 일컫는 모든 이름 위에서 통치하실 것을 말한다. 이는 곧 그리스도의 능력이 그 어떤 존재보다 크다는 사실을 강조하기 위함이다. 넷째, 이 능력은 만물을 그리스도께 복종하게 하는 능력이다. 우리 주님은 바로 이런 능력을 갖추신 분으로서 교회의 머리가 되셨다. 같은 맥락에서 하나님은 온 세상에 거하시며 우리를 위해 역사하신다.

이 과를 마치면서

급변하는 사회와 세계 속에서 내일의 보장이 없는 사람들은 누구나 할 것 없이 마음이 불안하고 두렵고 무거울 수밖에 없다. 이런 때일수록 우리는 하나님께서 천지를 창조하셨을 뿐만 아니라 능력 있는 말씀으로 온 우주를 붙들고 계신다는 말씀을 주목해야 한다.

> 또 그로 말미암아 모든 세계를 지으셨느니라 … 그의 능력의 말씀으로 만물을 붙드시며… (히 1:2-3).

하나님의 능력은 파괴적이거나 폭력적으로 절대 사용되지 않는다. 다만 선을 이루시는 데만 사용된다. 이 능력을 갖추신 분을 우리가 주님으로 모시고 살고 있다. 하루속히 세상 모든 족속이 스스로 만들어 놓은 모든 우상을 버리고 이처럼 무한한 능력을 가지신 하나님을 믿을 수 있도록 최선을 다해야겠다.

나의 기도

하나님 아버지, 감사드립니다. 아버지께서 예수님을 이 세상에 보내시어 하나님 아버지를 저희가 알 수 있도록 계시하심으로 우리는 이제 성 삼위일체 하나님을 알고 믿게 되었습니다. 또 하나님께서도 우리를 아시고 양자와 양녀로 삼으시고 한시도 빼놓지 않고 돌봐 주시는 것에 대해 한없는 감사와 찬양을 드립니다. 우리의 구원이 이렇게 엄청난 것인지 깨닫고, 놀람을 금할 수 없습니다. 단순히 죄 사함과 천국 입문의 특권을 얻은 것만이 아니라 온 우주를 창조하시고 주관하시는 하나님을 아바 아버지라고 부르며, 하나님 계신 곳에 저희도 거할 수 있는 자격을 주신 하나님께 경배와 찬양을 드립니다. 하루속히 세상 모든 족속이 이와 같은 하나님을 알게 해 주시기 원합니다. 우리만 이 특권을 누리며 사는 것은 너무나 안타까운 일입니다. 아멘.

적용하기

1. 성령께서 우리의 영안(靈眼)을 열어주셔서 하나님께서 우리를 위해 예비해 놓으신 것에 대해 깊이 깨닫게 해 달라고 기도하라.

....
....
....
....

2. 본문이 말씀하고 있는 기도제목들에 대해 더 깊이 체험적으로 알 수 있게 해 달라고 기도하라.

....
....
....
....

3. 구원을 베푸시는 하나님의 축복을 모든 족속이 하루속히 깨닫게 되기를 위해 기도하라.

....
....
....
....

4

한량없는 은혜

에베소서 2:1-10

에베소서 2장은 1장의 확대 설명이라고 할 수 있다. 저윅(Zerwick)에 의하면 이는 로마서의 축소판으로 볼 수도 있다. 1장에서 바울 사도는 우리가 하나님의 영원하신 계획에 참여하게 되었다고 말하는데, 2장에서는 그것이 죽은 자를 살리심(구속)으로 이루어졌다고 설명한다. 주님께서 십자가에서 이루신 구속(救贖)은 우리를 죄에서 건지셨을 뿐만 아니라, 이 세상 모든 죄악과 이를 주관하는 모든 영적인 존재들의 손아귀에서 우리를 해방시킨 놀라운 것이다.

이로써 죽어있던 우리의 영혼이 살아나게 되었다. 이제부터는 하나님 나라에 합당한 시민의 자격도 얻게 되었으며, 나아가 우리는 삼위일체 하나님의 선교에 초대를 받은 존재가 되었다. 이 과를 공부하면서 그 은혜가 어떤 성격을 가졌기에 이런 엄청난 축복이 우리에게 허락되었는지 더 깊이 깨닫게 되기를 원한다.

가. 자격 없는 자를 살리시는 하나님의 은혜(2:1-7)

질문 우리는 허물(trespasses)과 죄(sins)로 죽어있었다고 한다. 다시 말해 우리가 죽게 된 원인은 우리의 허물과 죄라는 것이다. 그렇다면 여기에서 '죽었다'는 것은 무엇을 의미하는가? 당신은 지금 살아 있는가, 아니면 죽은 상태에 있는가? 그 이유는 무엇인가(2:1)?

....

....

....

....

힌트

"허물과 죄"는 모두 죄를 가리킨다. 둘을 구분하기는 힘들지만 전자는 소극적인 죄들을 의미한다. 즉, 하지 말아야 할 것을 함으로 범한 죄를 말한다. 후자는 적극적인 죄로 마땅히 해야 할 것을 하지 않은 죄를 의미한다.[1]

이런 상태에 있을 때 우리는 살았다고 자처하나 실상은 죄를 짓는 일에 활발하고 하나님께 영광을 돌리는 일에는 마비된(죽어있는) 상태였다. 따라서 육신은 살아 있으나 영적으로는 죽은 상태를 의미한다.

칼뱅은 이런 상태를 "사람의 인격 중 가장 중요한 부분이 인생의 가장 중요한 분(하나님)에 대해 죽어있다"고 말했다.[2]

질문 죄의 결과가 무엇을 초래했는지 본문을 통해 설명하고 그 처참함에 대한 예를 들어 설명하라. 또 그런 상태에 있는 사람들은 어떻게 해야

---

1 Wood, *Ephesians*, 33.
2 이사야 59:1-3 참조.

하는지에 대해 나누라(2:2-3).

....

....

....

....

힌트

세상은 너무 악해졌기 때문에 영적으로 죽어있는 사람들의 처참한 상태가 어느 정도인지 제대로 판단할 수 없게 되었다.[3] 많은 사람의 영(靈)이 죽어있기 때문에 아무렇지도 않게 죄를 범하며 살고 있다. 심지어는 일부 교인 중에도 단지 기독교가 주는 혜택만 누리며 살려고 한다. 만일 예수님께서 오늘날 이 땅을 거닐고 계신다면 그런 사람들에게 '회칠한 무덤'이라고 다시 한번 외치실 것이다. 칼뱅은 이런 상태에 있는 사람들을 향해 "현재 죽은 상태이고 또 실제로 죽었다"고 외쳤다.

2:2-3은 성령님과 성경의 MRI를 통해 보았을 때 나타날법한 구원받지 못한 사람의 영적인 모습이다. 오늘 우리도 이런 검사를 해보고 자신의 영적 상태를 살펴볼 필요가 있다.

참 기독교는 우리가 현 세상에서 어떻게 하면 더 잘 살 수 있는가에만 관심을 끌게 하지 않는다. 오히려 기독교는 진리, 영생, 거룩함, 소망 등에 대하여 더 큰 관심을 두게 한다. 죄와 세상의 속박 가운데 있는 사람들에 대하여 우리는 애통하고 상한 마음을 품고, 이들에게 사랑과 자비심을 나타내야 한다. 나아가 그들에게 복음을 전해서 그들이 죄를 회개하고 주님을 믿어 구원을 누리도록 힘써야 한다.

---

3 Wood, *Ephesians*, 33.

질문 본문은 비참한 인간의 상태와 그런 사람들이 조건 없이 받는 하나님의 무한하신 사랑을 대비해서 설명하고 있다. 영적으로 죽은 상태에서 산 상태로 옮기시는 하나님의 풍성한 사랑에 대해 서로 나누어 보라 (2:4).

....

....

....

....

힌트

　사랑하는 하나님의 마음속은 아무리 내주어도 바닥이 나지 않는 풍성한 긍휼로 가득 차 있다.[4]

질문 본문은 바울 사도가 믿고 있던 신앙의 핵심을 우리에게 전한다. 그 핵심은 무엇인가? 하나님께서 당신을 구원하셨을 때 어떤 것들을 해결해 주셨는지 한두 가지만 예를 들어 보라(2:5).

....

....

....

....

힌트

　우리의 구원은 하나님의 은혜로만이 아니라 그리스도를 부활하게 하신 하나님의 능력으로 주어진 것이다.

4　Wood, *Ephesians*, 35.

질문 본문은 하나님께서 무한하신 능력으로(1:20-21) 그리스도와 함께 우리를 살리셨다고 설명하고 있다. 우리의 영적 현주소는 어디에 있다고 봐야 하는가(2:6)?

힌트

하나님께서는 구약시대에도 "은혜의 지극히 풍성하심"을 나타내셨으나 특히 그리스도께서 이 땅에 오셔서 우리 죄를 대신 짊어지시고 죽으셨다가 부활하신 후 승천하실 때까지 이를 더욱 많이 나타내셨다. 이 은혜를 깊이 체험한 한 성도는 다음과 같이 찬양했다.

> 나는 내 구속주를 찬양하리 그의 놀라운 사랑 찬양하리
> 그 험한 십자가에서 저주받은 나를 자유케하려고
> 나의 예수님 피 흘리셨네
>
> 찬양하리 나의 구세주 그의 피로 나를 속죄하셨네
> 십자가에서 나의 죄사함 확증하셨네
> 내 죄의 빚을 다 갚고 나를 자유케 하셨네
>
> 이제 나는 놀라운 소식 전하리
> 나는 잃었으나 예수님 오셔서 구원하셨네
> 주님의 한없는 은혜와 사랑과 긍휼로
> 값없이 나 구속하셨네
>
> (Philip Bliss, "I Will Sing of My Redeemer," 필자 역)

우리도 하나님의 사랑과 우리의 죄 사함을 위해 대신 죽으신 그리스도를 믿고, 우리 죄를 회개하고, 주님을 구세주로 영접했다면 우리의 구원에 대해 이런 찬양을 함께 부를 수 있는 특권이 있다.

나. 인간의 도움이 필요하지 않은 하나님의 은혜(2:8-9)

질문 우리는 구원이 처음부터 끝까지 하나님께서 하시는 일임을 이 구절을 통해 알게 된다. 그렇다면 구원을 받기 위해 인간이 할 수 있는 일이 하나도 없다는 말인가? 만일 없다면 그 이유는 무엇인가(2:8)?

....

....

힌트

> 8 절에서 "…이것은 너희에게서 난 것이 아니요 하나님의 선물이라"고 말씀하셨을 때 '이것'이라는 말속에는 구원 그 자체뿐만 아니라 믿음까지도 포함되어 있다.[5] 우리가 구원을 받기 위해서는 주님을 마음으로 받아들이는 것, 곧 믿음이 필요하다. 하지만 이 믿음조차도 우리 자신의 노력으로 생기는 것이 아니라 성령께서 도우심으로 우리에게 주어지는 것이다.
>
> 결과적으로 하나님이 주시는 구원을 우리가 받기 위해서는 죄를 회개하는 것과 믿는 것 모두 하나님께서 도와주시지 않으면 안 된다. 우리 자신의 힘만으로는 결코 할 수 없다.

질문 오늘 밤 당신이 죽어서 천국 문 앞에 섰다고 가정해 보자. 천국 문지기가 당신에게 말하기를 "내가 당신을 천국 안으로 들어오게 할 이유가 무엇이냐"고 묻는다면 당신은 무엇이라고 말하겠는가? 본문을 통해 그 답을 찾아보라(2:8-9).

....

---

5 로마서 10:17-21 참조.

다. 인간의 전 인격에 영향을 주는 하나님의 은혜(2:10)

질문 우리의 선행을 통해서는 절대로 구원받을 수 없다고 2:8-9에서 강력하게 주장했다. 그렇다면 그리스도인과 선행과는 아무런 상관도 없다는 뜻인가? 관계가 있다면 무엇인가(2:10)?[6]

....

....

....

....

질문 당신이 구원받은 후에 새롭게 실천하게 된 선행을 두 가지만 말해 보라. 또 꼭 해야 하지만 하지 못하고 있는 선행 중 두 가지만 서로 나누고 이를 실행할 수 있도록 기도하라(2:10).

....

....

....

....

힌트

은혜를 통해 구원받은 사람들의 생활은 변한다. 지식과 감정, 의지적인 면 중 변화되지 않는 부분이 있을 수 없다(고후 5:17).

---

6 Clinton E. Arnold, *Ephesians: Power and Magic. The Concept of Power in Ephesians in Light of Its Historical Setting* (Grand Rapids: Baker, 1992), 128. 아놀드는 에베소 교인들이 살고 있던 역사적인 상황을 고려해야 한다고 주장했다. 주님을 몰랐을 때는 우상에게 잘 보이기 위해 제물도 받쳤지만 이제는 주님 안에서 마음 놓고 선행을 할 수 있게 된 사실을 강조한다.

이 과를 마치면서

　하나님의 은혜는 실로 우리가 다 헤아릴 수 없을 만큼 크다. 우리가 얼마나 큰 죄인인가를 깨달으면 깨달을수록 이 사실에 대해 더 깊이 알게 된다. 우리가 지은 죄도 크지만, 우리가 속해있던 죄의 세계는 더 크다. 구원 전에 우리는 공중에 권세 잡은 자에게 속해 있었다. 또 하나님을 배척하는 세상 속에 깊이 빠져 있었다. 거기에 그치지 않고 우리는 죄성(罪性)의 노예가 된 상태였다. 하나님께서는 이런 우리를 아무런 대가도 받지 않으시고, 오직 은혜로 구원해 주셨다. 이를 위해 다음과 같은 대가를 우리 대신 치르셨다. 첫째, 성부 하나님께서는 독생자를 이 세상에 보내어(성육신) 죄인들 사이에서 살게 하시고, 마침내 십자가에서 우리 죄를 위해 못 박혀 죽게 하셨다. 둘째, 하나님의 아들이신 예수 그리스도께서는 하나님 아버지와 동등한 하나님으로서 누릴 수 있는 특권을 다 내려놓고(신성 자체는 그대로 보유하신 채) 죽기까지 복종하여 마침내 십자가에서 죽으셨다. 이로써 우리 죄에 대한 형벌을 대신 다 받으셨다. 셋째, 성령 하나님께서는 우리를 하나님 아버지와 그 아들 예수 그리스도께 인도하기 위해 이 땅에 오셔서 우리와 함께 계신다.

　이로써 우리는 교회의 일원이 되었고, 삼위일체 하나님과 함께 사는 교회 공동체의 일원이 되었다. 이런 은혜를 받은 우리는 하나님의 새로운 피조물로서 선한 행위를 맘껏 나타낼 수 있게 되었다. 그뿐만 아니라 언젠가 모든 세상이 하나님의 나라로 변하게 될 때 주님과 함께 영원히 살게 된다. 이런 소식을 우리만 알고 있지 말고, 세상 모든 족속에게 전하여 그들도 이 축복을 받도록 해야 한다.

나의 기도

하나님 아버지, 한없이 큰 은혜를 주신 삼위일체 하나님께 경배와 찬양을 드립니다. 우리가 영원히 예배드리고 또 드려도 다 보답할 수 없는 이 은혜를 맘껏 누리며 하루하루를 살겠습니다. 속히 세상 모든 이들이 이런 은혜를 알게 하시고, 천국에서 열리는 어린 양의 잔치에 참여할 수 있게 해 주시기 바랍니다. 아멘.

적용하기

1. 하나님께서 나에게 베풀어 주신 사랑을 기록하고 이를 서로 나누라.

....

....

....

....

2. 예수 그리스도의 은혜에 대해 어떤 것을 더 깨달았는지 생각해 보고, 이것이 내 신앙생활에 미치는 영향에 대해 구체적으로 예를 들어보라.

....

....

....

....

3. 우리의 신앙생활에 성령님의 역할은 무엇인가? 성령님께서 나의 구원에 어떤 영향을 주고 있는가?

....

....

....

....

5

새로운 신분

에베소서 2:11-22

2:1-10 에서는 구원받기 전 우리의 영적, 도덕적 상태에 대하여 자세히 말하며 우리가 어떻게 하나님의 은혜로 구원을 받았는가를 강조한다. 여기서 우리는 오직 은혜로 말미암아 한 사람 한 사람이 구원받은 사실을 명확하게 볼 수 있다. 하지만 구원은 한 개인의 신분 변화만을 의미하지 않는다. 우리의 구원은 그보다 훨씬 더 큰 변화를 가져온다. 그 한 예로, 2:11-22 에서는 구원받기 전에 우리가 처해있던 종교적인 상태에 대하여 말씀한다. 우리는 이 말씀을 통해 그리스도께서 우리를 죄와 사망과 마귀로부터 구원하시기 위해 십자가에서 죽으셨을 뿐만 아니라(2:1-10) 우리에게 선민(이스라엘)과 대등한 자격을 주시고, 하나님이 친히 거하시는 처소(구약의 성소와 대등한)가 되게 하신 것을 확인할 수 있다. 바로 이를 위해 주님께서 십자가 고난을 받으시고 목숨을 버리신 것이다.

정리하면 구원은 개인적인 차원뿐 아니라 새로운 공동체로의 영입, 곧 하나님 나라로의 영입(迎入)을 의미한다. 이는 완전히 새로운 신분을 받는 것이고, 구약에서 신약에 이르기까지 언급된 거대 스토리 하나님의 백성들과 합류하는 것이다. 더 나아가 하나님의 백성에 대한 모든 약속과 특권도 함께 누리는 하나님 백성의 일원이 된 것을 의미한다.

주님께서는 구속의 역사를 이루실 때 '피로'(그리스도의 피로, 2:13), '육체로'(2:14), '십자가로'(2:16) 하셨다. 그러므로 히브리서 저자는 우리가 받은 구원을 '큰 구원'이라고 말한다.

우리가 이같이 큰 구원을 등한히 여기면 어찌 그 보응을 피하리요 이 구원은 처음에 주로 말씀하신 바요 들은 자들이 우리에게 확증한 바니(히 2:3).

가. 새 신분이 보장됨(2:11-13)

질문 구원받기 전 우리의 신분에 대하여 설명하라(2:11-12).

....

....

....

힌트

이방인(Gentile, 11 절): 아브라함의 자손이 아닌 다른 나라 사람들을 의미한다. 하나님께서는 이방인이라 할지라도 하나님의 백성에게 준 특권을 누릴 수 있도록 길을 열어놓으셨다. 하나님 백성의 대열에 끼게 된 이방인들도 아브라함의 자손과 함께 축복을 받는 방법이 신명기 28:1-14 에 제시되어 있다.[7] 그러나 이는 오직 믿음으로만 될 수 있다(롬 4:1-16). 오직 믿음으로서만 하나님의 백성이 되고, 의롭다 함을 받는다는 사실인 이신칭의(以信稱義)의 진리는 구약에서 소극적으로만 나타나 있지만 주님께서 오신 후에 비로소 적극적으로 등장한다. 이전에는 하나님의 백성과 이방인 사이에 여러 장벽으로 가로막혀 있었다.[8]

할례 받은 무리(circumcision, 11 절): 유대인들을 지칭한다. 이들은 아브라함에게 준 약속을 자기들이 계승하고 있다는 표로써 할례를 받았다. 할례는 출생 8 일째 되는 날 남성의 성기 끝의 표피를 베어 내는 예식을 의미한다.

할례 받지 않은 무리(uncircumcision, 11 절): 유대인들이 이방인들을 부를 때 쓴 별명으로 이방인들을 멸시하는 어조로 사용했다.

약속의 언약들(the covenants of promise, 12 절): 이는 장차 메시아가 오실 것과 오실 메시아는 아브라함의 씨에서 나올 것이라는 약속된 사실을 의미한다. 이 약속들은 이미 언약을 통해 주어졌다. 하나님께서는 아브라함과 언약을 맺고 그의 씨(후손)를 통해 축복해 주실 것을 약속하셨다(창 12:1-3; 갈 3:29). 이 언약은 후에 모세와 다윗에게 반복해서 맺어졌고, 그중에 최종적인 것은 새 언약, 곧 그리스도의 피로써 우리가 그리스도의 의(義)를 얻고 하나님의 백성이 되리라고 약속으로 나타났다.

---

7 Merrill C. Tenney, *The Zondervan Pictorial Encyclopaedia of the Bible*, vol.5 (Grand Rapids: Zondervan, 1975), 696.

8 William W. Klein, *Ephesians*, The Expositor's Bible Commentary (Grand Rapids: Zondervan, 2006). 그리스도 밖에 있을 때 이방인은 다섯 가지 장벽에 막혀 격리되었었다고 Klein 은 주장했다. ① 그리스도 밖에 있었고, ② 나라(이스라엘) 밖에 있었고, ③ (이스라엘과) 하나님이 협약을 맺은 것으로부터 소외되었고, ④ 하나님 없이 이방인 가운데 살았고, ⑤ 하나님이 없이 이 세상에서 살았다.

질문 현재 우리는 어떤 신분을 갖게 되었다고 말씀하는가(2:13)?

....

....

....

힌트

> "전에 멀리 있던 너희가 … 가까워졌느니라"는 말씀은 유대인과 이방인과의 관계를 설명할 때 사용된 말이다. 원래는 이방인들이 예루살렘(하나님의 성전이 있는 곳)으로부터 멀리 떨어져 있다는 것을 설명하기 위해서 사용된 말이었다. 멀리 있던 이방인이 그리스도께서 십자가 위에서 흘리신 피로 가까워졌음을 의미한다.[9]

나. 새 관계가 보장됨(2:14-18)

질문 그리스도는 화평이시고, 화평이신 그리스도께서 막힌 담을 허무셨다. 누구와 누구 사이의 막힌 담을 허무셨는가? 이런 사실이 우리에게는 어떤 영적 의미가 있는가(2:14-15)?

....

....

....

힌트

> 예루살렘에 있던 성전에는 이방인의 뜰과 유대인의 뜰, 그리고 밖을 구분하는 울타리가 있었다. 그래서 이방인들이 유대인의 뜰 안으로 들어가는 것은 자기 목숨을 스스로 끊는 행위였다.[10] 영적으

---

9 Wood, *Ephesians*, 39.
10 Wood, *Ephesians*, 40.

로 보아도 이방인들과 하나님이 택하신 백성 사이에는 큰 담이 있었다. 그러나 그리스도께서 "원수 된 것 곧 중간에 막힌 담을" 허셨고, "법조문으로 된 계명의 율법(여러 가지 조문으로 된 계명의 율법, 새번역)"을 주님의 몸으로 폐하셨다. 그리스도께서 폐하신 것은 수많은 조항으로 구성된 옛 율법의 금지사항들이다.

　　이 율법의 효력을 폐함으로 그리스도께서는 새로운 한 몸을 만드셨다. 즉 유대인이나 이방인이나 구분이 없는 교회를 만드셨던 것이다. 그래서 이제 우리도 예루살렘에 있는 성전(AD. 70년에 이미 파괴됨)이 아니라 하늘에 속한 성전인 하나님 앞에 자유자재로 출입할 수 있게 되었다(히 10:19-20 참조).

질문 둘이 한 몸이 되어 누구와 화목케 되었다고 했으며, 둘을 한 몸으로 연합시키고 있는 분은 누구인가? 이런 사실이 우리에게 주는 의미에 대해 서로 나누어 보라(2:16-18).

....

....

....

....

다. 새 거처가 보장됨(2:19-22)

질문 우리의 이전 거처는 어디였는가(2:12, 19)?

....

....

....

....

질문 현재 우리의 거처는 어디인가(2:20-22)?

....

....

....

....

힌트

우리는 주안에서 하나님의 거하실 처소가 되어가고 있다. 구원받은 사람들은 유대인이든 이방인이든 교회의 일원이고, 이 교회는 곧 하나님의 성전이다. 이 교회의 구성 요소를 본다면 그리스도께서 친히 모퉁잇돌(중심적인 역할, 곧 모든 건물을 하나로 잇는 핵심적인 역할)이 되시고, 사도들과 선지자들이 터가 되며(이들이 교회를 세우는 데 결정적인 역할을 했다는 의미), 예수님을 믿는 우리는 성전건축 자재가 됨을 알 수 있다. 이 모든 것을 하나로 이어주는 역할을 성령께서 하신다.

우리는 이제 이와 같은 교회의 일원이 되었다. 상상해 보라. 우리가 바로 성전으로서 하나님을 모실 뿐만 아니라 하나님께서 임재(臨在)하시는 교회가 되었다는 사실을 말이다. 예전에 이방인들은 하나님이 임재하시는 곳 근처에도 가지 못했는데, 이제 우리가 성소와 지성소를 구성하는 요소가 되었다. 그리고 이 교회는 지금도 완성되어 가고 있으며, 언젠가 완성될 그곳에서 우리는 거룩한 신부로서 거룩한 신랑이신 예수님과 혼인 잔치를 나누며 영원히 함께 살 것이다.

이 과를 마치면서

주님께서 십자가에 죽으심은 유대인들과 이방인들의 사이를 좋게 하려는 것만이 아니었다. 이보다 더 근본적인 의미가 있다. 특히 2:18에서 성부, 성자, 성령의 역사가 모두 언급된 것을 볼 수 있다. **그리스도께서** 십자가에 달리시어 우리의 죄의 문제를 해결하셨고, 우리 사이의 연합을 방해하는 모든 원수 된 것을 파기(破棄)하셨다. 이제 **성령께서** 그리스도 안에 있는 모든 사람들을 한 몸으로 통일시키시고 **하나님 아버지께로** 나아갈 수 있게 하셨다. 이로써 우리가 **삼위일체 하나님의 교제권에** 직접 들어갈 수는 없지만(이는 오직 삼위일체 하나님만이 누릴 수 있는 것임) 더 넓은 삼위일체 하나님의 교제권인 교회로 들어갈 수 있게 되었다.

우리(교회)는 삼위일체 하나님의 적극적인 역사로 인해 보호를 받게 되었고, 우리의 모든 교제도 삼위일체 하나님께서 서로 누리는 교제의 모범을 따르게 되었다. 이러한 교제는 천국에까지 이어지게 될 것이다. 또한 유대인과 이방인, 더 나아가서 세상 모든 족속 중에 구원받은 사람들 사이에서도 영원토록 이어질 것이다. 이런 모습을 우리는 요한계시록 5-7장에 나타난 어린양의 잔치에서 확인할 수 있다.

나의 기도

주님, 실로 엄청난 일입니다. 저희에게 주신 구원이 개인적인 차원에서 그치지 않고, 이렇게 삼위일체 하나님의 공동체적인 차원에까지 연결되었다는 점을 알려 주심에 감사와 찬양을 드립니다. 성(聖) 삼위일체 하나님의 더 넓은 교제에 참여하는 것만 해도 우리가 상상할 수 없는 축복과 특권인데, 여기에 그치지 않고 하나님이 세우신 교회 공동체에까지 우리를 불러 주신 것에 대해 다시 한번 감사와 찬양을 드립니다. 또한 교회가 이 세상뿐 아니라 만물을 충만케 하시는 우리 주님의 역사를 따라 모든 만물 위에 있으며, 또 모든 영적인 존재들 위에 머물게 하실 것에 대해서도 감사와 경배를 드립니다. 하루속히 세상 모든 족속이 교회 공동체의 일원으로 참여할 수 있도록 하나님 나라의 복음을 전하는 우리에게 능력과 지혜를 주시기 바랍니다. 아멘.

주께서 호령과 천사장의 소리와 하나님의 나팔 소리로 친히 하늘로부터 강림하시리니 그리스도 안에서 죽은 자들이 먼저 일어나고 그 후에 우리 살아 남은 자들도 그들과 함께 구름 속으로 끌어 올려 공중에서 주를 영접하게 하시리니 그리하여 우리가 항상 주와 함께 있으리라 그러므로 이러한 말로 서로 위로하라(살전 4:16-18).

적용하기

1. 구원에 대해 더 깊이 깨달은 사실은 어떤 것들인가?

....

....

....

....

2. 그리스도께 더 감사해야 할 이유는 무엇인가?

....

....

....

....

3. 내가 행동으로 옮겨야 할 것들은 어떤 것들인가?

....

....

....

....

6

영원한 계획과 교회의 신비

에베소서 3:1-13

바울 사도는 자신이 감금된 이유를 설명하면서 가장 커다란 신비 (mystery) 중의 하나인 교회의 비밀을 우리에게 전한다. 교회에 관한 이 비밀은 다른 세대(예, 구약시대)의 사람들은 상상도 못 했던 것이 었다.

이는 이방인들이 복음으로 말미암아 그리스도 예수 안에서 함 께 상속자가 되고 함께 지체가 되고 함께 약속에 참여하는 자 가 됨이라(엡 3:6).

이 선언은 구원받은 선민과 이방인 모두에게 매우 놀라운 사실이었 다. 유대인들은 자신들이 원수로 여기며 하나님과 관계가 없다고 생각 했던 이방인에게 내려진 뜻밖의 호의를 보며 큰 충격을 받았을 것이 다. 반면에 이방인의 사도인 바울은 이 사실이 말할 수 없는 큰 은혜가 되었다. 이방인에게는 유대인에게 먼저 내렸던 하나님의 축복을 받을 수 있는 문이 활짝 열리는 계기가 된 것이다(갈 3:7, 9, 14, 28).

이제 우리도 그리스도 예수 안에서 "함께 상속자가 되고 함께 지체가 되고 함께 약속에 참여하는 자"들이 된 것이다. 이 계획이 2천 년 전 바울 사도 시대에 만들어진 것이 아니라 "영원부터 만물을 창조하신 하나님 속에 감추어졌던 비밀의 경륜(경영, 정책)"이라는 사실을 깨달은 바울 사도는 놀람을 금하지 못했을 것이다(엡 3:9). 하늘에 있는 온갖 천사들과 영적인 존재들도 몰랐던 새로운 사실, 곧 하나님께서 "측량할 수 없는 그리스도의 풍성함을 이방인에게 전하게" 하실 것에 대해 감격했을 것이다(엡 3:8). 우리에게 주어진 복음은 이처럼 신비로운 것이며 깊은 것이다. 이를 허락하신 하나님께 다음과 같은 찬송과 감사를 드리지 않을 수 없다.

> 만입이 내게 있으면 그 입 다 가지고
> 내 구주 주신 은총을 늘 찬송하겠네
>
> 내 은혜로신 하나님 날 도와 주시고
> 그 크신 영광 널리 펴 다 알게 하소서
>
> 내 주의 귀한 이름이 날 위로 하시고
> 이 귀에 음악 같으니 참 희락 되도다
>
> 내 죄의 권세 깨뜨려 그 결박 푸시고
> 이 추한 맘을 피로써 곧 정케 하셨네 아멘.
>
> (새찬송가 23장)

가. 하나님께서 우리를 위해 예비하신 영원한 계획(3:1-6)

질문 영원 전부터 감춰져 있어 구약시대의 선지자들도 명확히 알지 못했던 교회에 대한 비밀을 이제 사도들과 선지자들(신약 시대)을 통해 나타내셨다. 다음 구절에서는 그 비밀을 어떻게 설명하고 있는가(1:9-10; 2:16; 3:1-6)?

_____

_____

_____

_____

질문 이방인과 유대인이 어떻게 가까워졌는가에 대해 나누고, 이런 사실이 우리에게 어떤 의미를 주는지 나누라(3:6).

_____

_____

_____

_____

힌트

함께 상속자: 로마서 8:17에서는 우리가 그리스도와 함께 상속자 (후계자)가 되었다고 설명하고 있다(갈 3:29; 4:7).

함께 지체: 오직 그리스도 안에서(교회에 속한 사람들)만 함께 지체 (肢體)가 될 수 있다.

함께 약속에 참여하는 자: 유대인에게 약속한 언약들은 사실상 그 들만을 위한 것이 아니었다(예, 창 12:1-3). 이 약속의 언약들은 이 방인도 포함한다. 그러나 이때까지 이 같은 사실이 숨겨져 있었지 만 마침내 알려졌다.

나. 영원한 계획 가운데 우리의 역할(3:7-11)

질문 바울 사도는 어떤 경로를 통하여 하나님의 일꾼이 되었는가? 우리는 이를 어떻게 우리 자신들에게 적용해야 하는가(3:7)?

....

....

....

힌트

> 바울 사도는 하나님의 풍성한 은혜의 선물을 따라 일꾼이 되었다고 말한다. 그리스도의 원수로 있었던 바울 사도가 하나님의 능력을 힘입어 그리스도의 종이 된 것이다. 오늘 날도 이와 같은 능력이 역사하여 하나님의 종들을 만들고 있다. 당신은 지금 하나님의 종인가? 하나님의 종이 되기를 결심하는가? 하나님의 능력으로 우리 자신도 하나님의 종으로 성장할 수 있도록 기도하라.

질문 바울 사도는 "모든 성도 중에 지극히 작은 자보다도 더 작은" 자신에게 하나님의 은혜를 주신 이유가 무엇이라고 고백하는가(3:8-9)?

....

....

....

힌트

> 8 절에서 "측량할 수 없는 그리스도의 풍성함"이란 헤아릴 수 없는(롬 11:33) 그리스도의 큰 은혜와 계획을 의미한다. 그리스도는

한없이 풍성하다. 따라서 한계도 없다(1:7, 18; 2:7; 3:8, 16).

겸손한 자 바울처럼 "측량할 수 없는 그리스도의 풍성함"을 맛본 사람이라면 누구든지 자신이 얼마나 작다는 사실을 시인하지 않을 수 없다. 또 전능하고 무한하신 하나님의 한량없는 은혜와 사랑을 체험한 사람은 누구든지 "그는 흥하여야 하겠고 나는 쇠하여야 하리라"(요 3:30)고 고백하지 않을 수 없을 것이다.

하나님께서는 영원 전부터 유대인과 함께 이방인의 구원을 이루시고, 이들이 함께 교회를 이룰 것을 계획하셨다. 9절에서 "영원부터 만물을 창조하신 하나님 속에 감추어졌던 비밀의 경륜"은 바로 이 계획을 의미한다. 우리의 구원도 이와 같은 하나님의 계획에 따라 된 것이다. 이런 관점에서 볼 때 천지를 창조하신 것, 또 우리를 구속(救贖)하신 것 모두 하나님께서 계획하신 가운데 이루신 일이다. 결코 우연한 일이 아니다.

질문 하늘의 통치자들과 권세들이 알게 된 하나님의 지혜는 무엇인가(엡 3:10-11; 벧전 1:12)?

....

....

....

....

힌트

성경에서 통치자들과 권세들을 언급할 때는 종종 나쁜 권세들을 의미할 때가 있다. 하지만 주석가 헨드릭슨에 의하면, 여기에 나오는 통치자들과 권세들은 좋은 천사들을 의미한다. 문맥상으로 볼 때도 이 주장이 옳다고 볼 수 있다.

다. 영원한 계획 가운데 우리가 가질 확신(3:12-13)

질문 "그 안에서" 우리에게 어떤 특권이 주어졌는가(3:12)?

....

....

....

....

질문 바울 사도는 왜 자신의 환난을 에베소 교인들의 영광과 비교하고 있는가? 이것은 우리가 주님을 위해 겪는 고난과 어떤 관계가 있는가 (3:13)?

....

....

....

....

이 과를 마치면서

이 부분을 기록했을 때 바울 사도의 심정은 아마도 환희(歡喜) 가운데 휩싸였을 것이다. 이 부분에 대해 바울 사도가 기록하려 했던 주제로부터 잠시 벗어나 창세 전부터 내려온 하나님의 계획에 대해 생각하면서 말할 수 없는 감사와 찬양을 드리고 있었던 것으로 보는 주석가도 있다. 바울 사도가 유대인 중의 유대인이라는 점을 고려할 때, '교회는 유대인뿐만 아니라 이방인들까지 포함된다'는 것이 하나님께서 원래부터 계획하셨던 것이라는 인식은 참으로 엄청난 충격을 주는 사건이었을 것이다. 우리가 바울 사도의 입장이 되었어도 예상하기 어려운 일이었을 것이다.

우리가 이방인으로서 하나님의 영원한 계획 가운데 이미 있었다는 점을 생각하면 생각할수록 너무 놀랍고 신비롭다. 이는 아브라함에게 약속한 모든 것, 그리고 구약에 나타난 하나님의 백성들에게 주신 특권과 의무가 우리와도 연관이 있다는 것을 말하는 것이다. 하나님의 영원한 계획의 관점에서 볼 때 우리는 조역(助役)이 아니라 주역(主役) 중에 속해 있었다는 말이 된다. 우리도 이제는 하나님의 백성이며, 하나님의 나라의 상속자요, 소유자이다. 더 많은 이방인들에게 이 사실을 속히 알려서 그들도 우리가 누리는 특권을 누릴 수 있게 해야 한다.

나의 기도

하나님 아버지, 오늘 우리에게 삼위일체 하나님과의 관계를 더욱 잘 설명해 주신 것에 대해 감사드립니다. 우리가 삼위일체 하나님이 베푸신 구원을 통해 더 넓은 교제권 안에 들어온 것이 영원 전부터 계획된 것임을 다시 한번 본문을 통해 알게 되었습니다. 이 교제권이 곧 교회 공동체임을 우리가 알고, 이로 인한 축복을 누리고 있습니다. 삼위일체 하나님과 연결된 교회 공동체는 이제 유대인들이나 이방인이 다 하나가 되어 한 하나님을 섬기며 예배하게 되었습니다. 이 얼마나 큰 특권인지 이루 다 형언할수 없습니다. 우리도 바울 사도처럼 말문이 막힐 정도로 이 신비에 대해놀라며 경의(敬意)를 표합니다. 속히 이 소식을 세상 모든 족속에게 전하여 축복을 누리게 해야겠습니다. 우리에게 감당할 수 있는 능력과 지혜를부어주시기 원합니다. 아멘.

적용하기

1. 내가 얻은 구원과 특권에 대하여 새롭게 깨달은 사실은 무엇인가?

....

....

....

....

2. 내가 생활에 적용할 수 있는 내용을 적어보라.

....

....

....

....

3. 나와 교회에 대한 관계를 어떻게 재확립해야 하는가?

....

....

....

....

7

충만함을 위한 기도

에베소서 3:14-21

문맥상으로 3:1-13은 삽입 부분으로 보는 것이 좋다. 2장에서 교회의 신비성을 말씀한 후 바울 사도는 또 한번 기도하려 했다. 그러나 3:1-13에서 잠깐 곁가지를 쳐서 하나님의 비밀, 곧 교회의 신비성에 대해 연이어 열정적으로 설명한다. 3:14-21은 2장에서 설명한 내용을 토대로(이러므로, 14절) 다시 한번 축복기도를 한다.

우리도 이와 같은 기도를 우리 자신을 위해서 해야 한다. 이때 기억해야 할 점은 우리 기도의 대상은 우리 하나님 아버지라는 것이다. 전지하시고, 전능하시고, 영원하시고, 불변하시고, 선하시고(긍휼, 사랑, 자비), 공의로우신 우리 하나님 아버지께 구하는 것이다.

가. 기도의 대상(3:14-15)

질문 우리에게는 우리의 기도를 원하시는 하나님 아버지가 계신다. 이 하나님에 대해 어떻게 묘사하고 있는가(3:14-15)?

....

....

....

....

질문 기도할 때 우리는 어떤 자세를 가져야 하는가? 여기서 바울 사도는 무릎을 꿇고 하나님 아버지 앞에서 기도한다고 했는데, 우리도 그런 자세로 기도해야 하는지에 대해 서로 의견을 나누라(3:15 하).

....

....

....

....

나. 기도의 내용(3:16-19)

질문 우리 속사람이 어떻게 하면 강건하게 될 수 있는가? 이를 위해 우리가 어떻게 해야 하는가(3:16)?

....

....

....

....

힌트

> 16 절에서 속사람(inner man)은 낡아 없어질 외적인 사람과 대칭되는 표현으로 구원받은 우리의 인격을 의미한다. 우리의 이성적인

면과 영성, 도덕적인 면을 내포(內包)한다.

바울 사도는 우리 속사람이 천국의 모든 자원의 주인이 되시는 하나님의 풍성한 영광을 따라 성령의 능력으로 강건하게 될 것을 위해 기도했다.

우리가 성령의 충만함을 받게 되면 우리 속사람도 그 능력으로 강건하게 되고, 나아가 우리 인격까지도 성숙하게 될 것이다.

질문 "믿음으로 말미암아 그리스도께서 너희 마음에 계시게 하시옵고"는 단순히 그리스도께서 내주(內住)하시는 것만을 의미하지 않는다. 그 이유는 무엇인가(3:17)?

> ....

> ....

> ....

> ....

질문 당신은 예수님을 믿은 후 주님의 임재를 경험하고 있는가? 그렇다면 감사하라. 그렇지 못하다면 주님의 임재를 방해하는 것을 나누고, 주님께서 우리 심령 속에 깊이 임재해 주시도록 서로를 위해 간구하라 (3:17).

> ....

> ....

> ....

> ....

힌트

에베소 교인들은 구원을 체험했기 때문에 주님께서 이미 내주

(indwell)하고 계셨을 것이다. 따라서 바울 사도가 이미 이루어진 것을 위하여 또 다시 기도하는 것은 의미가 없다. 본문에서는 내주와 함께 그리스도의 임재하심을 마음(heart)속에 더 깊이 느끼게 되는 것까지 의미했을 것이다. 우리가 주님을 더 깊이 믿고 의지할 때 주님의 임재하심까지도 경험하게 된다.

질문 바울 사도는 그리스도의 사랑의 방대함을 어떤 식으로 표현했는가? 이 사랑이 우리 마음속에도 넘치게 해 달라고 돌아가면서 기도하라 (3:18-19 상).

힌트

"너비와 길이와 높이와 깊이"는 하나님의 사랑이 얼마나 방대하고 깊은가를 설명하기 위한 표현이다. 스케빙턴 우드(Skevington Wood)는 이를 다음과 같이 설명했다.

그 사랑은 전 세계를 포용하고도 남을 정도로 넓다(1:9, 10, 20). 그 사랑은 영원부터 영원까지 미칠 정도로 길다(1:4-6, 18; 3:9). 그것은 이방인들과 유대인들 모두를 천국으로 끌어올릴 정도로 높다(1:13; 2:6). 그 사랑은 죄로 말미암아 타락하여 사단의 손에 있는 사람들까지도 건질 수 있을 만큼 깊다(2:1-5; 6:11, 12). 그리스도께서는 주님의 몸인 교인을 전체로나 또는 믿는 사람 개개인을 그렇게 사랑하신다.[11]

---

11 Wood, *Ephesians*, 52.

질문 바울 사도는 에베소 교인들이 "하나님의 모든 충만하신 것으로 너희에게 충만하게 하시기를 구하노라"고 기도했다. 이는 하나님의 충만하심 만큼 그대로 충만하게 해 달라는 의미가 아닐 것이다.[12] 그렇게 하는 것은 불가능하기 때문이다. 그러나 하나님께서 우리 각자에게 준비된 만큼 채워주시는 것은 가능하다. 당신은 하나님의 의도하신 만큼 충만한가? 이유를 설명해 보라(3:19 하).

....

....

....

....

힌트

　　하나님의 속성 중에는 부분적으로 우리가 공유할 수 있는 것들이 있다. 거룩함, 지혜, 사랑, 능력, 기쁨 등이 그 예다. 9가지 성령의 열매도 우리가 공유할 수 있는 성품들이다(갈 5:22-23). 바울 사도는 이런 것들로 우리(교인) 속에 넘치게 해 달라고 기도한다.

　　공유(전가)할 수 없는 하나님의 속성에는 감사한 마음으로 찬송과 경배를 드리고, 부분적으로나마 공유(전가)할 수 있는 하나님의 속성들은 우리에게 더 많이 채워질 수 있도록 기도하라. 하나님의 속성은 다음과 같은 것들이 있다.

공유(전가)할 수 없는 속성 (Incommunicable attributes of God)	공유(부분적 전가)할 수 있는 속성 (Communicable attributes of God)
• 지존하심(요 5:26)	• 지식(잠 1:7)
• 무한하심(시 145:3)	• 지혜(롬 11:33)
• 영원하심(시 90:1-4)	• 능력(빌 2:12, 13)

---

[12] Wood, *Ephesians*, 52.

• 전능하심(렘 10:12)	• 선하심
• 불변하심(약 1:17)	• 사랑(요일 4:18)
• 무소부재하심(시 139:7-12)	• 긍휼(딛 3:5)
• 전지하심(시 139:1-6)	• 은혜(롬 3:24)
	• 거룩하심(사 6 장)
	• 의로우심(롬 3:21-26)

다. 축복기도(3:20-21)

질문 본문은 하나님을 어떻게 설명하고 있는가? 이 내용을 가지고 하나님께 기도와 찬양, 혹은 대화를 통해 경배의 시간을 가지라(3:20).

....
....
....
....

질문 바울 사도는 하나님께서 영원토록 어떻게 하시기를 바라며 기도했는가? 이를 우리에게 적용하여 기도하라(3:21).

....
....
....
....

이 과를 마치면서

바울 사도는 1 장과 2 장에서 '우리에게 임한 구원'과 '교회가 얼마나 신비로우며 장엄(莊嚴)한 것인가'에 대해 말한 후 본인 자신도 어안이 벙벙할 정도로 놀람을 금할 수 없었던 것 같다. 문맥상으로 볼 때 그는 하나님께서 예비해 놓으신 교회의 그 장엄한 규모와 오묘함에 도취된 것으로 보인다. 하나님의 세계를 조금이나마 경험한 사람이라면 누구든지 그렇게 되지 않을 수 없을 것이다. 바울 사도 같은 선지자가 하나님의 구원과 교회의 규모와 깊이를 계시로 받고 나서 그렇게 놀랄 수밖에 없었던 것은 당연하다. 그가 깨달은 것은 이 세상에 그 어떤 사람도 감히 상상할 수 없을 정도의 크고 귀한 비밀이었기 때문이다.

우리에게 개인적으로 이루어진 구원은 하나님의 왕국에 입문하는 것이라 할 수 있다. 다시 말해 비록 막 한 발자국을 들여놓은 것에 불과하지만, 더 들어가면 들어갈수록 하나님 나라의 규모와 아름다움에 심취하지 않을 수 없다. 개인적으로 입문을 했지만 이는 삼위일체 하나님과 관계를 맺은 것이고, 교회 공동체의 일원이 된 것이고, 더 나아가서 하나님 나라의 시민이 된 것이다. 하나님의 나라는 작게는 우리 마음에 있기도 하지만 크게는 그 규모가 범세계적이고, 더 크게는 하나님께서 창조하신 온 우주를 다 포함한 것이다. 또한 거기에 그치지 않고 영원한 것이며, 성(聖) 삼위 하나님을 다 포함하고 있는 실체이다.

바울 사도는 이런 영적 현실의 이해 안에서 '어떻게 하면 에베소 교인들이 이에 부응하는 신앙심을 가질 수 있는가'를 위해 하나님께 기도로 부탁하는 것밖에 없다고 생각하며 기도했을 것이다. 우리도 종종 이런 기도를 드려야 한다. 그리고 우리는 기도한 내용대로 주님의 장성한 분량에까지 자라야 한다. 속사람도 강건해지고, 하나님의 사랑도 더 많이 체험하고, 능

력도 더 받아야 한다. 우리만 이런 특권을 누리지 말고 세상 모든 족속이
이런 혜택을 받아 누릴 수 있도록 기도해야 한다.

나의 기도

하나님 아버지, 온 인류의 아버지 되시며(아직 구원을 받지 않은 사람들이라도 하나님의 형상을 가진 상태로 창조하셨기 때문에 창조주 하나님과 피조물의 관계는 끊어지지 않았다고 봐야 함) 우리 구주 예수님의 아버지시며, 또 우리 아버지가 되심을 생각할 때 한없이 감사할 수밖에 없습니다. 오늘 우리가 무릎을 꿇고 하나님 아버지께 경배와 찬양을 드립니다. 성령 하나님, 우리 속사람이 날로 강건하도록 역사해 주시기 원합니다. 예수님께서 늘 우리 마음에 내주하시면서 우리와 교제하게 하심에 한없는 감사를 드립니다. 우리가 이런 사실을 날마다 경험하면서 주님과 동행하게 해 주시기 바랍니다. 우리 죄를 위해 십자가에서 대신 죽으신 그리스도를 부활하게 하시고, 하나님의 보좌 옆에 앉히시고, 우리를 위해 성령을 보내 주신 하나님의 능력을 우리가 날마다 체험하게 해 주시며, 무엇보다 우리가 하나님의 사랑을 깊이 깨달아 그 높이와 깊이와 길이와 넓이를 더욱 알아가게 해 주시기 원합니다. 이렇게 축복된 삶을 이 세상 끝날 때까지 우리가 누리면서 세상 모든 족속에게도 이처럼 귀한 하나님 나라의 복음을 전하게 해 주시길 바랍니다. 아멘.

적용하기

1. 내가 평생 두고 기도할 제목은 무엇인가?

....

....

....

....

2. 내가 지금 당장 적용할 수 있는 내용은 어떤 것인가?

....

....

....

....

3. 내가 평생 교회를 위해 섬겨야 할 것은 무엇인가?

....

....

....

....

제 2 부

실제적인 부분

8

선교적 교회의 내적 모습

에베소서 4:1-16

1-3장과 4-6장은 별도의 내용이 아니다. 이 둘은 서로 관련이 깊다. 1-3장이 원리적(또는 신학적)인 면을 주로 다루었다면 4-6장은 주로 실제적인 면을 다루고 있다. 원리와 실제는 떼어놓을 수 없는 관계를 맺고 있다. 우리 신앙의 성숙함도 원리와 실제가 통합되었을 때 가장 높게 나타날 수 있다.

바울 사도는 이 서신을 받는 그 당시 사람들이 알아들을 수 있도록 기록했을 것이다. 문화적으로는 헬레니즘이 지배했던 시대에 알맞게 그의 서신들을 기록했다.[1] 본 서신도 그런 면에서 예외가 아니다. 우리가 신앙의 성숙함을 논할 때는 여기에 기록된 실제적인 부분들을 제대로 실천하는가에 따라 평가할 수 있을 것이다. 아무리 원리를 많이 알고 있어도 이를 실생활에 적용하지 않는다면 성숙한 신앙을 가졌다고 말할 수 없다. 이런 점에서 볼 때, 에베소서의 후반부는 신앙 성숙도에 대한 평가 기준(barometer)이 된다고 할 수 있다.[2]

가. 균형 잡힌 생활(4:1-6)

질문 본문은 그리스도인답게 사는 방법에 대해 구체적으로 말한다. 우리가 서로 사랑한다면 이 본문에 기록된 지침대로 서로 대해야 한다. 이 말씀에 자신들의 대인관계를 비춰보고, 잘 되는 부분과 잘 안 되는 부분에 대해 서로 나누라. 더 잘할 수 있도록 서로 격려하고, 서로를 위해 기도하라(4:1-2).

힌트3

> **겸손(humility, 2절)**: 바울 사도가 이 서신을 쓸 당시에 겸손이라는 것은 사람들의 비웃음거리가 되었으며 지금처럼 덕목(德目)으로 인식되지 않았다. 겸손은 그리스도인에게 있어서 가장 중요한 덕목 중 하나이다.[4] 예수님을 생각해 볼 때, 이는 마음을 낮춰서 종의 형체를 취하는 것을 의미한다(빌 2:7).
>
> **온유(gentleness, 2절)**: 무력한 상태가 아니라 힘을 함부로 사용하지 않고 절제(조절)함으로 서로 배려하는 상태를 의미한다.
>
> **오래 참음(patience, 2절)**: 잘못한 사람이나 대상에게 보복하는 것을 보류하는 것이 여기에 속한다. 이는 하나님께서 사랑하신 것처

---

1 선교학적으로 이를 상황화(contextualization)라고 한다.

2 Wood, *Ephesians*, 54. Wood는 1-3장을 교리(원리)로, 4-6장을 실천으로 보았다. 그렇지만 이 둘 사이가 완전히 분리된 것이 아니라 의미상으로 연결되었음을 강조했다. 이렇게 원리와 실천을 나누는 것이 바울 사도의 집필 형식이었다고 Wood는 주장했다. 그와 같은 원리는 제자훈련을 시키는 데 있어서 기초가 된다.

3 Wood, *Ephesians*, 55. Wood는 네 가지 덕목이 그리스도인 공동체에 필수적인 요소라고 주장한다.

4 Andrew Murray, 『겸손』, 김희보 역 (서울: 총신출판부, 1977), 17. 앤드류 머레이는 겸손에

럼 우리도 사랑해야 하기 때문에 용서하고 기다리는 것을 의미한다.

용납(forbearance, 2절): 다른 사람의 허물과 약점을 이해하는 태도를 의미한다.

질문 각자가 위와 같은 성품을 가지고 있지 않는다면 그리스도인들끼리도 연합을 이룰 수가 없다. 우리는 "힘써" 연합을 지키기 위해서라도 이런 성품을 갖도록 계속 성장해야 한다. 우리가 연합해야 하는 데는 근본적인 이유가 있다. 본문은 근본적인 이유가 무엇이라고 설명하고 있는가(4:4-6)?

....

....

....

힌트

몸이 하나요(one body, 4절): 이방인과 유대인을 한 지체로 포함한다는 의미이다.[5] 교회는 이렇게 하나가 되어야 함을 말한다.

성령이 한 분이시니(one Spirit, 4절): 성령은 주님을 믿는 모든 성도 속에 내주하실 뿐 아니라 구속의 날까지 모든 성도를 보호하는 역할을 하신다(1:13-14). 더 나아가 한 성령이 모든 족속과 모든 그리스도인의 마음에 계시기 때문에 성령이 임재하는 교회는 그 본질이 하나일 수밖에 없다.

대해 다음과 같이 말한다. "겸손은 다른 여러 가지 은혜나 미덕 중에 하나라기보다 오히려 모든 은혜와 미덕의 뿌리라고 할 수 있다."

5 Wood, *Ephesians*, 55. 성령이 이런 연합을 가능하게 한다. 바울 사도는 연합이 추상적인 영적 상태를 말하는 것이 아니라 하나님의 영으로 명명백백한 연합을 이룬 하나님의 공동체를 의미한다고 주장했다.

6 Moule, *Studies in Ephesians*, 58.

한 소망(one hope, 4절): 부활 후 누리는 영광에 대한 그리스도인의 기대감을 의미한다.6 시대를 초월해서 모든 그리스도인은 이 소망을 함께 갖고 살아간다.

주도 한 분이시요(one Lord, 5절): 세상에는 많은 종교가 있고, 세상 사람들이 섬기는 신들과 그들이 절하는 우상들도 많지만 그리스도인에게는 오직 예수 그리스도만이 주(主)가 되신다.

믿음도 하나요(one faith, 5절): 모든 그리스도인은 똑같은 믿음의 대상이신 하나님과 그 아들 예수 그리스도를 믿음으로만 구원을 받는다.

세례(침례)도 하나요(one baptism, 5절): 세례(침례)는 우리가 구원 받는 순간 그리스도의 십자가와 부활에 동일시(identification)된 것을 외적으로 표명하는 것이다. 세례(침례)를 통하여 그리스도의 몸에 일부분이 된 사람들은 인종, 국적, 신분과 관계없이 모두 하나가 된다.

하나님도 한 분이시니(one God, 6절): 하나님은 우리의 창조주이시며 동시에 구속주로서 모든 구원받은 자의 아버지가 되신다. 이 아버지를 모신 사람들은 이미 한 지체(가족)가 된 것이다.

나. 균형 잡힌 공급(4:7-10)

질문 하나님께서는 우리에게 은혜를 어느 정도 부어 주시는가? 그 은혜의 의미는 무엇인가(4:7)?

....

....

....

....

본문에서 은혜는 그리스도의 구속의 은혜를 의미한다는 주장도
있고7, 구원의 은혜보다 우리의 사역을 돕는 은사를 의미한다는 견
해도 있다. 여기서는 그 문맥과 사용한 단어를 미루어 보아 구원의
은혜와 사역의 도움을 주는 은사를 다 포함한다고 보는 것이 적절
하다.8

질문 하나님께서 우리에게 주시는 은혜의 범위에 대해 나누고 감사기도를
하라(4:8-9).

힌트

주님께서 우리에게 은혜(은사를 포함한 은혜, *Charis*)를 부어 주
시는 것에 대해 바울 사도는 시편 68:18 말씀을 예로 들었다. 다윗
이 시온성을 함락한 후 언약궤를 옮겨 왔을 때 임한 하나님의 복을
연상한 것으로 추측된다. 그와 같은 맥락에서 바울 사도는 이를 그
리스도께서 십자가에 죽으신 뒤 부활하시고 승천하신 후에 성령을
통해 은혜(*Charis*)를 베푸신 것과 연결시키고 있다.9

주님은 세상 모든 죄와 사단과 사망의 권세를 이기시고 하나님
보좌 우편에 정좌(正坐)하신다. 이로써 우리의 대제사장이 되셨다.

---

7   S. D. F. Salmond, *The Epistles to the Ephesians*, The Expositor's Greek Testament (Grand
    Rapids: Eerdmans, 1976), 323.

8   Wood, *Ephesians*, 57. *Charis*(grace) is not equated with *Chrisma*(grace-gift) but denotes the
    grace provided for the manifested with in the gifts. *Charis*(카리스: 은혜)는 *Charisma*(카리스
    마: 곧 은혜로 주시는 은사)와 다르다. 전자는 은사를 은혜롭게 부어 주셔서 하나님의 사역을
    잘할 수 있게 해 주는 의미이며, 후자는 은사 자체를 의미한다(필자 역).

궁극적으로 예수님은 하나님 아버지와 함께 성령을 우리에게 보내시고 모든 은혜를 주시는 역할을 담당하신다. 이처럼 주님은 최고의 개선장군이다.

질문 본문은 주님께서 만물을 충만케 하시는 분이라고 말한다. 우리는 이렇게 엄청나게 크신 주님을 통해 은혜를 받았다. 이에 대해 주님께 감사하는 말을 한마디씩 나누라(4:10).

....

....

....

힌트

주님께서 은혜로 각 그리스도인에게 은혜와 은사를 주셨다고 말씀하셨다(4:8-10). 주님은 만유의 주시며 만물을 충만하게 하시는 분으로서 십자가에서 죽으심과 부활하심으로 이뤄 놓으신 구속 사업을 통해 우리에게 한없는 은혜와 은사를 주시는 분이다. 이 은혜와 은사는 그 근원이 한없이 크기 때문에 주님의 자녀 모두에게 풍성하게 돌아갈 수 있다. 이를 생각하며 우리는 한없는 감사와 찬양을 주님께 드려야 한다.

다. 균형 잡힌 사역(4:11-13)

질문 본문은 하나님께서 초대교회에 은혜로 허락하신 은사자들, 곧 교회의 기초를 마련한 리더십을 열거하고 있다. 이들은 현대에 어떤 직분에

---

9 Wood, *Ephesians*, 57-58; Liefeld, *Ephesians*, 101-02.

해당하는가? 이런 은사자들 중에 현대에 존재하지 않는 부분과 지금
도 존재하는 부분은 어떤 것들인지 서로 나누어 보라(4:11).

힌트

> 본문에 열거된 내용은 직분(office)이기보다 은사로 보는 경향이
> 있다. 그 이유는 이 후에 교회에서 이런 직분이 생긴 것을 보기 때
> 문이다. 하나님께서는 초대교회에 은사자들을 보내어 이들로 교회
> 에 기초를 놓도록 하셨다(엡 2:20). 대부분의 복음주의자들은 사도
> 나 선지자의 역할이 이미 끝난 것으로 보고 현재는 존재하지 않는
> 것으로 믿는다. 하지만 이들의 역할 자체가 없어진 것은 아니다. 그
> 이유는 이들이 기록한 하나님의 말씀이나 그들의 행적이 지금도 교
> 회의 기초로서 엄연히 역할을 하고 있기 때문이다. 그러므로 우리
> 는 이런 은사자들의 사역의 혜택을 주님을 만나는 날까지 계속 누
> 리게 될 것이다.
>
> 반면에 복음 전하는 자(여러 교회를 위해 광범위하게 사역을 함),
> 목사와 교사(대개 목회자 한 사람이 두 가지 역할을 다 하는 것을
> 의미함)는 현재에도 교회에 존재하는 직분 내지는 은사로 보고 있
> 다.

질문 본문을 통해 교회 리더십의 가장 중요한 임무가 무엇인지 확인하고,
현재 한국 교회 리더십의 상태를 관찰, 평가해 보라(4:12 상).

질문 리더십은 어떤 목적으로 교인들을 온전케 하는가, 본문의 말씀에 비추어 한국 교회의 변화에 대하여 나누어 보라(4:12 하).

....

....

....

질문 우리는 과연 어디까지 성장해야 하는가? 말씀에 비추어 우리의 상태에 대해 반성해 보고, 자신이 어디까지 성장해야 하는지, 새로운 성장 목표를 정하고 나누어 보라(4:13).

....

....

....

힌트

　이 부분은 신약성경에 나타난 교회론 가운데 가장 중요한 부분 중 하나이다. 이는 주님께서 지상에 계시면서 제자훈련을 하신 것처럼 이 그 비전을 교회 지도자들에게도 갖게 한다. 교회 지도자들은 전 교인을 훈련하여 자신들의 소명과 은사에 따라 사역하게 하는 것을 가장 중요한 사명으로 생각해야 한다. **이것이 주님의 제자도를 교회가 어떻게 이어받았는가를 나타내는 핵심이 되는 부분이다.**

　반면에 교인들은 사역을 목회자에게만 맡겨놓은 채 방관하지 말고 스스로 자신의 사역을 찾기 위해 훈련을 철저하게 받아야 한다.

　더 중요한 사실은 **공동체로서, 그리고 개인으로서 성장 목표를 그리스도의 장성한 분량까지 재설정하고, 평생 주님의 장성한 제자로 자라기 위해 교회와 개인 신앙 훈련과 소그룹 제자훈련을 통해 배우려고 노력해야 한다는 것이다.**

라. 균형 잡힌 성장(4:14-16)

질문 바울 사도는 본문에서 마땅히 성장해야 할 때 제대로 성장하지 못한 신앙, 혹은 균형 잡히지 못한 신앙 성장의 위험성에 관해 설명하고 있다. 당신의 신앙과 비교해 볼 때 자신은 지금 마땅히 성장해야 할 만큼 자랐으며, 얼마나 균형 잡힌 신앙인지 나누고, 성장을 위해 수정할 부분이 있다면 반영하라(4:14).

....

....

....

....

힌트

> 신앙이 제대로 자란 사람은 각종 이단이나 마귀가 주는 거짓말에 현혹되지 않는다. 다시 말해 사람들의 꾀나 속임수에 넘어가 신앙심을 헤치는 일을 하지 않게 된다. 아무리 잘 포장하고 그럴듯한 이론을 내세우면서 우리로 기본적인 신앙에서 떠나게 하려는 시도가 있어도 변론함으로 잘 막아 낼 것이다. 이를 어려운 말로는 변증(辨證)이라고 하고 학문적으로는 변증론(辨證論)이라고 말한다. 균형 잡힌 성장을 한 사람은 누구든지 자신의 신앙에 대해 변증할 수 있어야 한다.

질문 우리 신앙이 어떤 경로를 통해 균형 잡힌 성장을 할 수 있는가에 대해 본문은 잘 설명하고 있다. 이를 자신의 말로 설명해 보라(4:15-16).

....

....

....

첫째, 참된 것, 곧 하나님의 말씀을 떠나서는 균형 잡힌 신앙 성숙을 기대할 수 없다. 성경 말씀에 비춰 볼 때 어긋난 것은 결코 우리의 신앙 성장에 도움이 되지 못한다.

둘째, 균형 잡힌 신앙 성장은 하나님의 백성이 함께하는 교회 공동체를 통해 이뤄진다. 본문은 이를 인체의 각 부분의 활동을 예로 들어가며 말한다. 마치 한 사람이 자라고 성장하는 것처럼 교회 공동체 모든 사람이 한 몸으로 연결되고 결합되어 다 함께 성령께서 각자에게 주신 은사들을 활용하면서 균형 잡힌 신앙 성장을 이루어 간다. 많은 교회가 이런 진리를 깨닫지 못하고 단지 전임 사역자에게만 그들의 신앙 성장을 의뢰하고 있는 것이 현실이다. 이렇게 될 때, 우리의 신앙 성장은 한계에 부딪히게 된다.

이 과를 마치면서

본문은 1-3 장에서의 원리들이 4-6 장에서 어떻게 실제 상황 가운데 이뤄지는가에 대한 하나의 청사진을 우리에게 보여주는 아주 중요한 부분이다. 본문은 교회가 교회답게 되기 위해 내적으로 어떤 변화들이 일어나야하는가를 다루었다. 이를 좀 더 구체적으로 말하자면 다음과 같다.

(1) 교인들의 삶의 자세가 세상과 달라져야 한다(4:1-2).

(2) 성령께서 하나 되게 하심(유대인과 이방인을 포함, 현재는 세상 모든 족속)을 힘써 지켜야 한다(4:3).

(3) 우리(교회)가 하나가 되어야 할 신학적인 이유가 너무 분명하다 (4:5-6).

(4) 교회는 이미 하나님의 엄청난 은혜와 은사자들을 받았다. 이는 주님께서 친히 십자가상에서 죽음과 부활을 통해 이뤄 놓으신 구속의 은총으로 우리에게 주어진 것이다(4:7-11).

교회는 은사자들(지도자들, 지난 2 천 년의 역사에서 나타난 은사자들을 포함해서)과 함께 온전케 된 모든 성도가 힘을 합하여 또 다른 모든 성도를 양육하고 그리스도의 장성한 분량에 이르기까지 성장할 수 있도록 도와야 한다. 또한 성도들이 모두 삼위일체 하나님의 선교(봉사의 일과 몸을 세우는 일과 몸이 자라게 하는 일)에 동참해야 한다(4:12-16). 이런 교회들이 세상 모든 족속 가운에 세워지고, 이들이 또 다시 자신의 문화권 내에서 교회를 재생산할 때 세계 복음화는 앞당겨질 것이다. 이러한 일이 현실로 이뤄진 모습이 요한계시록 5-7 장의 내용이다. 이 비전을 각 교회마다 가지게 되는 날이 곧 오게 될 것을 꿈꾸면서 우리는 최선을 다해 하나님의 선교(*missio Dei*)에 동참해야 한다.

나의 기도

하나님 아버지, 이런 꿈을 주신 것에 감사드립니다. 개척된 지 몇 년도 안 되는 에베소 교회에 이런 꿈을 이루기 위한 청사진을 주셨다면, 수천 년 동안에 걸쳐 세워주신 모든 은사자들과 교회들, 선교사들, 그리고 수많은 자원을 통해 이를 얼마나 더 잘 이룰 수 있겠습니까! 주님께서 우리에게 맡기신 세계 복음화라는 지상명령이 결코 무모한 일이 아님을 깨닫게 되었습니다. 주님 이런 꿈이 속히 이뤄지게 해 주시기 원합니다. 무엇보다도 이런 모델 교회들이 한국에도 많이 세워져서 세상 모든 족속 가운데 이와 같은 성격의 교회들이 세워지는 데 길잡이의 역할을 할 수 있게 해 주시기 바랍니다. 선교적 교회의 영적 내부를 보여주신 것에 대해 감사와 찬송을 드립니다. 아멘.

적용하기

1. 위에서 설명하고 있는 교회가 되려면 자신은 어떤 역할을 해야 하는가?

....

....

....

....

2. 자신이 지금 이런 교회의 일원이 되기 위해 어느 정도 성장했으며, 앞으로 자신의 성장을 위해 무엇을 해야 하는지에 대해 나누라. 이를 위해 구체적인 계획을 세우고, 이 계획을 실천할 수 있는 능력과 은사를 위해 기도하라.

....

....

....

....

9

그리스도인의 라이프 스타일

에베소서 4:17-32

그리스도인들은 이 세상을 소위 속세(俗世)로 여기고 세상과 얽히지 않기 위해 멀리 떠나 산속에서 혼자 살아서는 안 된다. 오히려 예수님은 지상에서 마지막으로 말씀하신 대제사장적 기도를 통해 세상에 있으나 세상에 속하지 말라고 우리에게 권고하셨다(요 17:14-16). 바울사도는 우리가 세상의 빛과 소금의 역할을 제대로 하기 위해서는 옛 생활을 벗어버리지 않고서는 안 된다고 분명히 말했다.

그러므로 내가 이것을 말하며 주 안에서 증언하노니 이제부터 너희는 이방인이 그 마음의 허망한 것으로 행함 같이 행하지 말라(4:17).

그리스도 밖에 사는 사람들은 자신의 삶이 얼마나 허망한 것인지 깨닫지 못하고 살기 쉽다. 성령께서 그들 마음속에 들어오셔서 그 삶이 얼마나 허무하고 공허한지 보여주기까지 자신들이 어떤 상태에 있는지 모르고 산다. 다행히 우리는 이런 사실을 하나님의 말씀을 통해 잘 알고 있지만 알고 있는 것만으로는 부족하다. 실제로 옛사람, 곧 옛 생활을 벗어 버려야 한다. 이 과에서는 어떻게 사는 것이 옛사람의 모습, 옛 생활양식을 벗어버린 삶인가를 다룬다.

가. 변화된 삶(4:17-20)

질문 왜 그리스도인들은 옛 생활을 깨끗이 청산하지 않으면 안 되는가 (4:17)?

....

....

....

....

힌트

우리가 구원을 받게 되면 놀라운 하나님의 계획 가운데 살게 된다. 따라서 옛 생활을 청산하고 새 생활을 해야 한다. 삶에 대한 변화 없이는 참된 영성을 소유할 수 없다. 다시 말해 영적인 면에서 우리의 죄를 회개하고 주님을 구주와 주인으로 영접하는 것으로 그쳐서는 안 된다. 도덕적인(외적인) 면에서 볼 때도 어두운 면이 없어야 참된 그리스도인의 영성을 소유했다고 할 수 있다. 믿음으로 거듭난 사람들은 생활도 변해야 한다. 이를 신학적으로는 회심(悔心)했다고 말한다. 우리의 영성과 도덕성은 결코 분리될 수 없다.

질문 이방인의 옛 생활을 바울 사도는 어떻게 묘사하고 있는가? 우리의 삶의 스타일은 어떠한지 이 말씀을 통해 평가해 보라. 그 결과를 나누고 서로를 위해 기도하라(4:18-20).

힌트

영적으로 죽은 사람의 상태는 다음과 같은 특성을 갖는다. 첫째, 어떤 것이 영적인지 제대로 판단할 능력이 없을 뿐 아니라 하나님의 생명력도 그들 속에 존재하지 않는다(4:18). 둘째, 도덕적인 분별력이 없으므로 더러운 욕심을 좇아서 방탕한 생활에 자신을 방임한다(4:19).

신앙인의 삶의 기준은 그리스도가 되기 때문에 이에서 벗어난 삶은 어느 시대든지 허용되는 라이프 스타일이 아니다. 옛사람의 생활양식 그대로 살아서는 결코 안 된다(4:20).

나. 진리대로 사는 삶(4:21-24)

질문 모든 그리스도인은 진리대로 살아야 한다. 우리 삶의 기준이 되는 이런 진리는 어디에서 온 것이라고 말하는가(엡 4:21, 요 14:6)?

질문 본문은 진리 밖에 사는 사람들의 라이프 스타일에 대해 어떻게 설명

하고 있으며, 그리스도인들은 어떻게 살아야 한다고 하는가? 본문에 비추어 우리는 어떤 생활을 하고 있는지 나누고, 부족한 것이 있다면 서로를 위해 기도하라(4:22-23).

힌트

심령이 새롭게 되는 것은 오직 성령께서 우리 심령 속에 역사하셔서 우리가 어떻게 생각하는가를 주관하시지 않고서는 불가능한 일이다.[1] 바울 사도는 우리가 구원받았을 때 새로운 피조물이 되었다고 말한다(고후 5:17). 그러므로 우리에게 옛사람을 벗어버리고 새사람을 입으라고 명령한다(갈 3:27). 즉, 우리가 구원받기 전과 전혀 다른 새로운 생활을 하라고 권면한다.

이런 생활은 다음 세 가지 단계로 설명될 수 있다. 첫째, 우리가 주님을 믿는 순간 주님과 함께 십자가에 못 박혀 죽은 것이며 주님께서 다시 사셨을 때 우리도 주님 안에서 새롭게 태어난(거듭난) 사실을 믿는 것이다. 둘째, 우리가 신분이 달라진 대로 실생활 가운데 살아가면서 이를 당연시 여기고 사는 것이다. 셋째, 성령의 도우심을 받아 새로운 피조물로서 주님의 뜻대로 순종하며 사는 것이다. 바로 이런 라이프 스타일이 정상적인 그리스도인의 삶이다(롬 6:1-14 참조).

---

[1] Wood, *Ephesians*, 62-63. As over against the futile thinking of the unregenerate Gentiles(v. 17), the Christian converts are to undergo a radical reorientation of their mental outlook — so NIV, to be made new in the attitude of your minds. This can only take place under the influence of the Holy Spirit, acting on the human spirit(*pneuma*) as it affects the realm of thought. 이를 요약하면, 성령님께서 우리 가운데 역사하시지 않고서는 참된 영적 변화를 경험할 수 없다. 오직 성령께서 인간의 심령 가운데 역사하심으로만 그런 변화를 경험하게 될 것이다(필자 역).

질문 본문에서는 한 걸음 더 나아가 "하나님을 따라 의와 진리의 거룩함으로 지으심을 받은 새사람을 입으라"고 말한다. 이는 명령이다. 당신은 현재 이 말씀에 비춰 볼 때 어떤 삶을 살고 있는가? 돌아가며 부족한 것을 자백하고, 다시 성령의 충만함을 입어 그렇게 살 수 있게 해 달라고 기도하라(4:24).

다. 성령님을 기쁘시게 하는 삶(4:25-32)

질문 바울 사도는 두 차례에 나누어 성령을 근심하게 하는 삶과 기쁘게 하는 라이프 스타일에 대해 구체적으로 예를 들어 말했다. 본문은 그 첫 번째 해당한다. 자신의 어떤 행실이 성령을 근심하게 하며 어떤 행실이 성령을 기쁘게 하는지 고백하고, 이를 바로잡기 위해 성령의 도우심을 구하며 서로를 위해 기도하라(4:25-29).

질문 우리는 성령을 근심하게 해서는 결코 안 된다는 사실을 본문을 통해 알 수 있다. 그 이유가 무엇이며 어떻게 이를 해결할 수 있는지에 대해 서로 나누라. 또한 성령을 기쁘게 하는 생활을 할 수 있게 해 달라고 서로를 위해 기도하라(4:30-32).

힌트

　"우리가 서로 지체가 됨이라"(4:25)는 말씀은 간단한 표현이지만 매우 깊은 뜻을 내포하고 있다. 우리는 한 아버지를 모셨고, 한 주님을 모셨고, 한 지체가 되었고, 한 성령의 인도함을 받고, 한 목적지(영원한 안식처인 천국)를 향해 가는 동료 순례자들이다. 그러므로 우리는 서로를 대하는 태도에 있어서나 행동에 있어서 성령을 근심하지 않도록 해야 한다. 오히려 "서로 친절하게 하며 불쌍히 여기며 서로 용서하기를 하나님이 그리스도 안에서 너희를 용서하심과 같이하라"(4:32)고 하신 말씀대로 행해야 한다. 베드로 사도는 이를 다음과 같이 한 문장으로 설명한다.

　무엇보다도 뜨겁게 서로 사랑할지니 사랑은 허다한 죄를 덮느니라(벧전 4:8).

이 과를 마치면서

그리스도인의 영성은 지난 2천 년 동안 여러 가지로 표현되었다. 수도원 생활을 통한 수도(修道)하는 영성, 집단적인 영성, 개인적인 영성, 의전(儀典)적인 영성, 아이콘적인 영성(러시아정교회), 경건주의적 영성, 청교도적 영성, 카리스마틱 영성(오순절주의), 해방신학적 영성, 사회복음적 영성 등이 그 예다. 현재는 통합적인 영성으로서 성경적 세계관을 갖는 것을 영성의 척도로 사용하기도 한다. 고대의 영성과 포스트모던 시대 문화의 통합을 시도한 것으로 보는 북미 일부 지역에서 나타난 이머징교회(Emerging Church)의 영성도 있다.

어떤 형태의 영성을 강조하든지 그리스도인의 영성은 반드시 본문에서 말씀하고 있는 옛사람을 벗어버린 새사람이 되는 것을 배제하고서는 참된 그리스도인의 영성이라고 말할 수 없다. 그리스도인의 영성은 참된 교회만큼이나 오묘하고 그 한계가 무한하다. 궁극적으로는 그 깊이와 높이와 길이가 무한하며 완전하다. 이런 영성을 아주 쉽게 요약한 것이 바로 본문 말씀이다. 다시 말해 온전한 인격이 없이는 온전한 기독교의 영성도 있을 수 없다. 영성을 갖춘 사람은 인격적으로도 일그러진 면이 펴질 수 있는 만큼 펴진 사람을 말한다. 달리 표현하면 인격적으로 의심스러운 부분이 많은 사람은 영적인 신비가 아무리 많다 해도 참된 영성이 있다고 주장할 수 없다.

한 교회가 최상의 상태에 있으려면 교회의 구성원들이 최상의 영적 상태에 있어야 한다. 이런 교회와 성도들은 세상이 감당할 수 없을 정도로 영향력이 클 것이다. 우리는 영성 있는 성도가 되기 위해 본문 말씀을 더 깊이 깨닫고 우리 인격을 통해 실현해야 한다. 세상 모든 족속이 이런 교회와 성도들을 볼 때 그 마음을 열고, 그들도 진정한 영성을 가진 사람들의 대열에 참여하게 될 것이다.

나의 기도

하나님 아버지, 우리가 어떤 사람이 되어야 하는가를 본문을 통해 잘 보았습니다. 우리 힘으로는 도저히 이런 사람이 될 수 없음을 너무 잘 압니다. 우리와 함께 계신 성령님의 역사를 통해 우리가 그렇게 변화될 수 있게 해 주옵소서. 우리는 하나님의 백성입니다. 하나님의 백성다운 사람으로 살기 원합니다. 우리 육신이 연약하여서 할 수 없는 것을 성령님의 능력으로 할 수 있게 해 주시기 바랍니다. 우리가 그리스도의 장성한 분량에 이르기까지 성장할 수 있게 해 주옵소서. 영성을 갖춘 성도와 이들이 모인 교회야말로 초대교회처럼 틀림없이 또 한번 세상을 놀라게 하고, 세상이 변화하도록 할 것입니다. 속히 이 역사가 교회와 선교계를 통해 모든 족속 중에서 일어나기를 원합니다. 먼저는 우리가 몸담은 한국 교회 안에서 일어나게 해 주시기 간절히 바랍니다. 아멘.

적용하기

1. 이 말씀(4:17-32)을 거울로 생각하고 자신의 모습을 비추어 보라. 자신을 스스로 평가해 보고, 어떤 면들이 부족한지 구체적으로 기록하라.

....

....

....

....

2. 부족한 부분들이 자신의 삶 가운데서 영적으로 성숙될 때까지 기도하고, 자신보다 성장한 그리스도인 중에 멘토를 정하여 자신의 영적 성장에 대해 정기적으로 점검을 받으라.

....

....

....

....

10

하나님을 닮는 생활

에베소서 5:1-21

그리스도인의 생활기준은 하나님이 된다. 바울 사도가 "하나님을 본받는 자가 되라"(1절)고 권고한 말씀은 바로 이런 사실을 근거로 한 것이다. 우리가 하나님을 진정으로 사랑한다면 하나님의 인격을 닮아가기를, 그분의 행동을 본받기를 원할 것이다. 하지만 우리가 감히 어떻게 하나님을 본받을 수 있는가? 이 문제에 대한 해답을 주신 분이 바로 우리 주 예수이시다. 예수께서 인간의 모습으로 이 땅에 오셔서(신학적인 용어로는 이를 성육신하셨다고 함) 몸소 사랑을 실천하시는 가운데 하나님 아버지가 어떤 분이신지 알려 주신다.

우리가 주님께서 보여주신 대로 살아간다면 결국 하나님의 본을 좇는 사람이 될 것이다. 바울 사도는 5장에서 하나님의 본질 중 가장 중요한 사랑에 대해 말한다. 그리스도께서 우리를 위해 십자가상에서 못 박혀 죽으셨을 때 표현하신 사랑의 극치는 곧 하나님의 사랑이다. 예수님이 우리를 위해 베푸신 것처럼 우리가 다른 사람들을 사랑한다면 결국 우리는 하나님을 본받는 자가 된다. 이렇게 하나님을 좇아 사는 사람들은 하나님의 향기를 세상에 나타내게 된다. 교회와 그리스도인들이 이런 향기를 많이 낼수록 세상은 점점 더 하나님의 나라로 변하게 될 것이다.

예수님이 보여주신 모습은 우리의 모범이 된다. 예수님은 잠시 이 땅에 사실 때 천국 복음을 전하셨을 뿐만 아니라 우리가 사는 이 세상(이 나라, 이 사회)이 천국으로 더 가까워지게 하셨다.

이 때부터 예수께서 비로소 전파하여 이르시되 회개하라 천국이 가까이 왔느니라 하시더라(마 4:17).

이 말씀이 바로 그 시작을 알리는 일성(一聲)이었다. 예수님은 이 땅에서 천국의 삶을 몸소 살아내심으로 우리가 그 모범을 좇아갈 수 있도록 본을 보이셨다. 주님께서 계신 곳 어디든지 상관없이 우리는 하나님 아버지를 볼 수 있게 된다. 이 과에서는 과연 무엇이 하나님을 본받는 생활인가를 다룬다.

가. 사랑의 생활(5:1-2)

질문 하나님의 사랑을 받아 하나님의 자녀가 된 우리는 하나님을 본받아야 (copy after) 한다는 것을 당연한 사실로 알고 있다. 하지만 이것이 너무나 엄청난 요구이기 때문에 감히 실천할 엄두를 내지 않는다.[1] 우리가 어떻게 하나님을 본받을 수 있을지 의견을 나누고 이를 위해 기도하라(5:1).

---

[1] Wood, *Ephesians*, 66. Wood 는 우리가 하나님을 본받는다는 점에 대해 충격적인 도전(staggering conception)으로 보았다.

　해답은 바로 본문 말씀 가운데 이미 내재(內在)되어 있다. "그러므로 사랑을 받는 자녀 같이"(5:1)가 바로 그것이다. 또 서신 앞부분에서 충분히 말씀해 준 것처럼, 우리는 하나님 아버지로부터 한없는 사랑을 받았고, 그리스도를 통해 무한한 은혜를 경험했으며, 이를 위해 성령께서 끝없이 역사하신다는 전제가 바로 그 해답이 된다(1:3-14, 15-23).

　이를 요약하면 ① 삼위일체 하나님께서 우리를 위해 구원을 베푸시며, 동시에 그 구원을 이뤄 가신다(1:3-14). ② 이를 위해 능력을 주시고 교회와 우리가 필요할 때마다 그 능력을 받을 수 있도록 돕는다(1:15-23). ③ 좀 더 상식적인 차원에서 보아도 자녀는 그 부모를 닮게 되어 있는데 우리가 하나님의 자녀로 하나님을 닮아가는 것이 너무나 당연한 사실이다.

질문 그리스도께서 당신에게 주신 사랑에 대해 간단히 설명하라. 당신은 다른 사람을 이렇게 사랑할 수 있는가(5:2)?

_____

_____

_____

_____

힌트

　하나님께서는 세상에 있는 그의 자녀를 사랑하시되 끝까지 사랑하셨다. 완전하고 무한한 사랑을 주셨다. 우리에게도 그와 같은 사랑으로 다른 사람을 사랑하라고 말씀하신다. 하나님께서 용서하신 것처럼 우리도 용서하라고 하신다. 하나님께서 보내주신 그리스도께서 자신을 십자가에 드리셨을 때 우리를 향한 하나님의 사랑은 극치를 이루었다. 하나님께서 가장 귀중한 아들을 우리를 위해 주신 것은 그의 전부를 주신 것이다.

이 사랑은 이 세상 그 어느 곳에서도 찾아볼 수 없고, 그 누구도 줄 수 없다. 오직 하나님만이 우리를 위해 주실 수 있다. 하나님은 이처럼 놀라운 사랑을 우리를 위해 주셨다(엡 5:25; 갈 2:20 하; 요 15:13; 요일 3:16).[2]

우리의 힘만으로는 이 같은 사랑을 도저히 행할 수 없다. 다행히 성령께서 우리가 이렇게 사랑할 수 있도록 우리의 연약한 면을 도우실 것이다(롬 8:26).

나. 거룩한 생활(5:3-7)

질문 본문에서는 여러 죄들에 대해 언급했다. 우리는 죄들에 대하여 어떤 태도를 보여야 하는가(5:3-6)?

....

....

....

....

힌트

초대교회 당시 사회상을 회상해 볼 때 불신자들은 도덕적으로 너무나 문란했다(롬 1:24-32 참조). 성적 문란, 온갖 더러운 것 그리고 탐욕 등이 범람했다. 현대 사회에서도 뉴스를 시청하거나 신문만 펴면 이런 죄들에 대해 얼마든지 읽을 수 있다. 이런 죄에 대해서 우리는 철저히 단절해야 한다.

---

2 H. D. McDonald, *The Church and It's Glory* (Henry E. Walter Ltd., 1973), 113.

질문 우리는 누추하고 어리석은 말이나 희롱하는 말 대신 어떤 말들을 해야 하는가(5:4, 19-20)?

....

....

....

질문 죄를 계속 짓는 자는 하나님의 나라에서 기업을 얻지 못한다. 그렇다면 우리는 이들에 대하여 어떤 태도를 보여야 하는가(엡 5:7; 고전 5:9-11)?

....

....

....

다. 빛 가운데 사는 생활(5:8-14)

질문 빛 가운데 사는 사람은 어떤 열매를 맺는가? 당신은 이런 열매를 맺는 삶을 살고 있는가? 열매 맺는 삶을 살도록 주님께 도움을 구하며 서로를 위해 기도하라(5:8-9).

....

....

....

> **착함(goodness, 9절)**: 도덕적으로 완숙할 뿐만 아니라 다른 사람에게도 친절한 자세를 갖는 것을 의미한다.
>
> **의로움(righteousness, 9절)**: 다른 사람에게 갚은 것을 다 갚아 아무런 빚도 지지 않고 사는 것은 물론이고, 도덕적으로도 흠이 없는 상태를 의미한다.[3] 인간관계를 포함해서 모든 것을 공평하게 처리하는 것도 여기에 속한다.
>
> **진실함(truth, 9절)**: 참된 것, 곧 진실한 것을 의미한다. 그 외에도 통전성(integrity)이 있는 것을 의미한다. 이런 사람들은 믿을 수 있을 뿐만 아니라 무슨 말을 하든지 그대로 그것이 사실이라고 봐도 된다.

질문 본문에서 경고하고 있는 어두움이 당신에게 조금이라도 남아 있지 않는가? 어두움의 일에 대하여 우리는 어떤 태도를 보여야 하는가 (5:10-14)?

힌트

> 우리는 항상 주님을 좇아 빛 가운데 살아가야 한다. 이를 위해 우리는 날마다 어떻게 하면 주님을 기쁘시게 할 것인가에 대해 깊이 생각해야 한다.

---

3 Wood, *Ephesians*, 69.

라. 세월을 아끼는 생활(5:15-17)

질문 지혜있는 자 같이 살 수 있는 비결을 말해 보라. 그렇게 살 때 어떤 혜택들이 있는지 나누라(5:15-16).

....

....

....

힌트

> 우리는 지혜의 하나님으로부터 지혜를 얻을 수 있다(약 1:5). 지혜를 얻은 사람들이 누리는 혜택 두 가지를 본문에서 찾아볼 수 있다.
>
> 첫째, 주님의 뜻이 무엇인지 알 수 있다. 가장 지혜롭게 사는 것은 무엇보다도 하나님을 경외하는 가운데 주님으로부터 지혜를 받아서 주님의 뜻이 무엇인지 깨닫고 그 뜻대로 사는 것이다(잠 1:7; 9:10). 하나님의 지혜를 가지고 사는 사람들은 이 세상에서 어두움에 속한 모든 죄를 거부하고 하나님이 빛이신 것처럼 그들도 빛 가운데 살아가게 된다.
>
> 둘째, 세월을 아끼게 된다. 지혜 있는 사람들은 결과적으로 시간을 낭비하지 않게 되며 세월을 아끼는 효과를 얻는다.

질문 우리는 어떻게 해야 어리석은 자가 되지 않고 주님의 뜻을 이해할 수 있는가(5:17)?

....

....

....

> 어리석은 사람이 되지 않고 주님의 뜻이 무엇인가 이해하기 위해서는 원칙적으로 주님의 지혜가 필요하다. 하나님으로부터 지혜를 얻는 길은 크게 두 가지로 나눠서 볼 수 있다. 먼저는 하나님의 말씀을 자세히 봄으로써 매사에 하나님의 의도가 무엇인지를 이해하는 것이다. 그다음은 우리가 처해 있는 상황을 올바로 이해하기 위해 노력하면서 어떻게 행해야 하나님의 말씀에 합당한지 기도하는 것이다. 이 둘을 통합해 나갈 때 비로소 우리는 하나님의 말씀을 제대로 이해하게 될 것이다. 이로써 우리는 어리석게 행동하지 않고 하나님의 뜻대로 행동하게 된다.
>
> 이를 다시 정리해 보면 첫째, 하나님의 말씀 가운데 나타난 하나님의 뜻을 이해하는 것이다. 둘째, 우리의 상황에 관한 연구를 통해 어떻게 행동으로 나타낼지를 좀 더 명확하게 하는 일이다. 이렇게 사는 사람들은 주님의 뜻대로 살게 되고, 결과적으로 하나님과 사람들에게 인정을 받게 된다.

마. 성령의 지배를 받는 생활(5:18-21)

질문 본문은 우리 신앙생활의 열쇠(key)가 되는 구절이다. 우리는 술에 취해 살지 말고 성령의 충만함을 받아 살아야 한다. 당신은 이런 경험을 한 적이 있는가? 우리가 어떻게 성령의 충만함을 받을 수 있는가(5:18)?

성령의 충만한 삶을 사는 것은 우리의 호흡에 비유할 수 있다. 호흡할 때 우리는 산소를 들이마시고 이산화탄소를 배출한다. 마찬가지로 지속적인 성령 충만을 위해 매 순간 우리 속에 있는 죄는 자백하고(내뱉고) 성령이 충만하게 임하도록(들이마심) 기도해야 한다. 이러한 영적 호흡의 과정을 좀 더 세분화하여 설명하면 다음과 같다.

- 죄를 시인하라(요일 1:8).

- 죄를 자백하라(요일 1:9).

- 성령의 충만을 구하라(마 7:7).

- 충만케 해 주신 것을 믿으라(히 11:6).

- 성령의 열매를 맺으라(갈 5:22-23).

질문 본문은 성령 충만한 그리스도인의 모습이다. 성령 충만한 사람들은 하나님과 성도들을 어떤 태도로 대하는가? 이 말씀에 비춰 볼 때 당신은 성령 충만한 가운데 살고 있는가? 어떻게 해야 그런 삶을 살 수 있는가(5:19-21)?

....

....

....

....

힌트

성령 충만한 사람의 삶 속에는 최소한 다음 세 가지가 증거로 나타나게 된다. 시와 찬미와 신령한 노래로 서로 화답하는 가운데 하나님께 영광을 드린다. 범사에 하나님께 감사한다. 피차 복종한다.

이 과를 마치면서

그리스도인들은 옛날이나 지금이나 아주 특별한 사람들이다. 본문은 이 세상 사람들과 비교해서 우리가 어떻게 다른가에 대해 구체적인 예(例)를 기록하고 있다. 그중에 대표적인 예가 바로 그리스도인은 감히 하나님을 본받는 사람이라는 것이다. 하나님께서 우리 아버지이시기 때문에 이는 당연한 일이다. 하지만 도덕적으로, 인격적으로, 영적으로 우리가 하나님을 닮는다는 것은 말처럼 쉽지 않다. 완전히 하나님을 닮은 사람은 그 어디에서도 찾아볼 수 없을 것이다. 왜 우리는 하나님을 닮아가야 하는가? 하나님께서는 왜 가능하지 못한 일을 하라고 말씀하시는가? 다음과 같은 몇 가지 이유에서 그 답을 찾아볼 수 있다.

첫째, 우리 안에 계신 성령께서 하나님의 자녀인 우리에게 하나님의 성품을 닮아갈 수 있도록 끊임없이 역사하신다. 성령의 도우심이 없다면 우리가 하나님을 닮아가는 것은 불가능하다. 둘째, 죄를 회개하고 주님을 믿은 때부터 하나님께서는 우리를 이미 새로운 피조물로 재창조하셨다(고후 5:17). 셋째, 주님께서 재림하실 때 우리가 최종적으로 변화될 것이라 약속하셨고, 그 청사진을 이미 보여주셨다(계 5-7장; 21-22장 참조). 넷째, 하나님께서 2천 년 전에 이미 예수님을 이 땅에 보내시고 성육신하심으로 우리가 하나님의 백성으로서 계속 성장할 수 있도록 우리와 똑같은 인간으로서 본을 보여주셨다.

우리는 이런 생생한 본을 좇아 사랑도 하고, 거룩하게 살기도 하며, 지혜롭게 행하기도 하고, 도덕적으로 투명하게 살기도 하며, 능력으로 세상 죄를 이기기도 한다. 이것이 바로 그리스도인다운 모습이며, 교회의 참다운 모습이다. 더 나아가 하나님의 자녀로서 마땅히 보여야 할 삶의 모습이기도 하다. 물론 우리는 아직도 많이 부족하고 실수하고 때로는 주위 사람들을 실망시키기도 하지만 여전히 하나님의 백성이며 교회의 구성원들 이다. 구약시대에 삼위일체 하나님께서 임재하셨던 것처럼 이제는 하나님의 백성, 곧 교회 가운데 임재하신다. 따라서 우리는 정체성을 회복하여 하나님의 백성답게 살기 위해 최선을 다해 성령의 인도하심을 좇아 살아야 한다.

나의 기도

주님, 저희는 하나님 아버지를 본받는 삶을 날마다 살기 원합니다. 예수 그리스도께서 사랑하신 사랑으로 서로 사랑하며, 또 이 세상 사람들을 사랑하기 원합니다. 하나님의 백성답게 살기 위해 평생토록 제자로서의 길을 기꺼이 가겠습니다. 천국에서 최종적으로 우리가 어떻게 변화될 것인가에 대한 비전을 한시도 잊지 않고, 그 목표를 향해 계속 성장하겠습니다. 세상의 조롱거리가 될 때도 있고, 우리의 의도를 세상이 다 이해하지 못할 때도 있지만, 우리는 실망하지 않고 이 길을 끝까지 걸어가는 주님의 제자가 되겠습니다. 주님께서 약속하신 대로 우리를 하루하루 인도해 주시기 바랍니다. 우리만 아니라 세상 모든 족속이 이 대열에 합류할 것이라는 아주 거대한 꿈을 꾸며 소망 가운데 늘 살겠습니다. 아멘.

적용하기

1. 당신의 삶은 본문 말씀에 비추어볼 때 어떠한가? 부족한 면이 있는지 생각해 보고 이를 위해 기도하라.

....

....

....

....

2. 하나님을 본받는 백성들과 교회가 세상 모든 족속 가운데 더 많이 세워질 것을 위해 기도하고, 그중에서 특별히 마음에 두고 있는 나라와 종족에게 필요한 사역자가 보내지도록 간구하라.

....

....

....

....

11

그리스도인의 부부생활

에베소서 5:22-33

　　그리스도인들은 성숙하면 성숙할수록 그리스도의 모습을 닮아간다. 이때 하나님을 향해 순종과 사랑과 믿음으로 나아간다. 세상을 향해서도 도덕적인 면에서나 인격적인 면에서 흠이 없는 생활을 위해 질서를 지키고, 진실한 말과 행동을 하며, 선한 일을 하려고 힘쓸 것이다. 이와 같은 생활에 대해 바울 사도는 빛 가운데 사는 삶, 하나님을 본받는 삶, 성령 충만한 삶 등으로 묘사하고 있다(4:17-5:21). 또한 그리스도인들의 가정과 사회생활에 대해 말씀한다. 사회생활 중에서도 가장 기본적인 관계인 부부관계, 부모와 자녀 관계, 고용인과 고용주와의 관계를 다룬다(5:22-6:9).

　　신앙생활을 하는 데 있어서 예배를 드리고 영적인 기쁨을 누리며 하나님의 오묘한 진리를 깨달아 가는 모든 것이 중요하다. 그런데 신앙적인 기쁨이 실제 생활 가운데 윤리적인 면이나 사회적인 관계에서 깨끗하고 책임 있는 생활로 나타나지 못한다면 그 사람은 미성숙한 사람이거나, 아직은 영적으로 자라지 못한 사람이거나, 혹은 이중적인 삶을 사는 사람일 가능성이 높다. 이 과에서 언급하고 있는 부부관계, 부모와 자녀와의 관계, 고용인과 고용주와의 관계는 우리 신앙생활의 척도(barometer)라 할 수 있다. 많은 세상 사람들이 비록 성경은 읽지 않아도 성경의 가르침대로 살고 있는 우리의 삶을 통해 보게 될 것이다. 그리스도인의 모습은 세상 사람들이 실제로 보게 되는 성경이 될 수 있다.

가. 성경적인 부부생활

질문 아내가 남편에게 복종해야 하는 근거가 무엇인가(5:22-23)?

힌트

성령의 지배를 받는 사람은 "피차 복종"한다(21 절). 따라서 아내가 남편에게 복종하라는 말은 아내만 복종하고 남편은 전혀 복종할 의무가 없다는 뜻이 아니다. 성령께서 우리 가운데 충만히 거하실 때 서로 섬기며 서로 존중한다.[1]

성경에서 말하는 아내와 남편, 부부의 역할을 구체적으로 생각해 보면, 아내 편에서는 남편에게 복종하는 미덕을 갖추어야 함을 강조한다. 반면에 남편 쪽에서는 아내를 그리스도께서 자기 몸을 바쳐 교회를 사랑하심과 같은 차원으로 사랑하라고 말한다. 이는 남편이 아내보다 본질에서 우월해서가 아니라 남자와 여자의 특성을 고려하여 아내와 남편의 역할을 보다 원만하게 이루어 가도록 돕기 위함이다. 삼위일체 하나님의 관계를 생각하면 잘 이해가 될 것이다. 하나님 아버지께 성자와 성령이 순종하는 것을 우리는 성경에서 찾아볼 수 있다. 삼위가 다 동등한 하나님이시지만 특성상 그렇게 하신다. 이런 모습을 좇아 살아가는 부부생활이라면 가장 훌륭한 부부가 될 것이다.

아내가 알아야 할 사실은, 남편에게 위임된 권위는 마치 그리스도가 교회에 대하여 가진 권위에 비유되고 있다는 점이다. 이는 아내가 남편에게 스스로 '항복'(self-surrender)해야 함을 의미한다.

그렇지만 남편이 아내에게 어떻게 행동해야 하는가를 말하지 않고 아내에게만 순종을 강요한다면 이는 이 구절들을 남용하는 것이다.

질문 아내가 남편에게 어디까지 스스로 순종해야 한다고 본문이 말씀하고 있는가를 설명하고, 실생활 가운데서 몇 가지 들어보라(5:24).

힌트

아내가 남편에게 순종해야 한다는 뜻을 아내가 인간적으로 누려야 할 기본적인 존엄성 그 자체까지 무시해도 된다는 말로 오인해

---

1 Liefeld, *Ephesians*, 138-39. Liefeld 는 5:21 과 5:22 이하를 분리해서 생각할 수 없다고 주장했다. 이는 그리스도 안에서 성도들은 남녀를 불문하고 피차 복종하는 것이 원칙임을 의미한다. 이런 관점에서 볼 때, 아내가 남편에게 복종하라는 것도 피차 복종하는 가운데 남편과 아내 사이의 질서상의 의미로 볼 수 있다.

2 Liefeld, *Ephesians*, 141-45. 아내가 남편에게 복종하라는 것은 우선적으로 성령 안에서 상호 복종하는 것을 전제로 한 것이며, 질서상의 목적이 있는 것이다. 무자비한 복종을 요구하는 것이 아니라 남편이 주님의 희생적인 십자가의 죽으심을 본받아 아내를 사랑함이 우선되는

서는 안 된다. 역사상 기독교 사회에서만큼 여자가 존중받았던 곳은 없다.[2]

본문의 가르침에 대해 현대 여성들은 받아들이기 어렵고 현실적이지 못한 내용으로 생각할 수도 있다. 하지만 이런 래디컬(radical)한 내용에 대해 남편에게는 그보다 더 래디컬한 명령이 주어졌다는 사실을 함께 생각한다면 이해가 될 것이다.

질문 남편은 아내를 어느 정도까지 사랑해야 하는가(5:25)?

....

....

힌트

'사랑'은 포괄적인 용어이다. 여기서 남편이 아내를 사랑한다는 것은 아내의 모든 필요와 욕구를 충족시켜주려고 시도한다는 뜻이다. 이는 마치 그리스도께서 교회를 위하여 자신의 생명을 내어주셨듯이 남편이 아내를 위하여 자신의 전부를 주는 것을 의미한다.

이와 같은 남편의 책무를 이행하지도 않고 무조건 아내의 복종만 요구하는 것은 성경적인 남편의 도리가 아니다.

질문 그리스도께서 교회를 위하여 어떤 일을 하셨는가? 그리스도께서 교회를 위해 하신 것과 남편이 아내에게 해야 할 의무는 어떤 관계가 있는가(5:26-30)?

....

....

가운데서 나타나는 복종을 의미한다. 이런 남편의 사랑을 전제로 하는 관계라면 무자비한 복종은 배제된 것이라고 볼 수 있다.

힌트

그리스도께서는 교회를 위해 자신의 몸을 십자가에 못 박도록 내어 주셨다. 이는 교회가 모든 죄를 용서받고 깨끗해져서 "거룩하고 흠이 없게" 되어 영광스러운 교회로 세우기 위함이었다.

남편들은 이런 질(質, 기준)의 사랑으로 아내를 사랑해야 한다. 물론 우리는 그리스도께서 하신 것처럼 온전히 사랑하기는 어렵다. 우리의 사랑이 결코 구속(救贖)적일 수도 없다. 하지만 그리스도의 사랑은 남편들이 희생적으로 아내를 사랑하는 데 있어서 좇아야 할 모델은 될 수 있다.

교회가 그리스도의 몸(머리와 몸의 관계)인 것처럼 아내는 남편과 한 몸이다. 남편과 아내는 하나가 되어 서로를 위해 최선의 삶을 살아가는 데 목적이 있다는 사실을 이해한다면 본문을 이해하는 데 큰 도움이 될 것이다. 한마디로 교회가 주님의 사랑을 염원(念願)하듯이 아내는 남편의 따뜻한 애정을 열망할 것이다. 이에 대해 남편은 비록 질과 양적으로 주님의 사랑을 흉내조차 낼 수 없겠지만 그래도 주님께서 우리를 사랑하여 우리 대신 십자가에 못 박히신 것과 같은 마음을 가지고 아내 사랑하기를 힘써야 한다.

질문 바울 사도는 남편과 아내가 하나가 된다는 창세기 2:24의 말씀을 다시 언급하며 "이 비밀이 크도다"라는 표현을 썼다. 이 표현은 무엇을 의미하는가(5:31-33)?

'비밀'의 내용에 대해 오스본(Osborne)은 Liefeld와 함께 다음과 같이 정의 내렸다.[3]

① 그리스도 안에서 모든 것을 통일하려는 하나님의 의도

② 그리스도 안에서 하나가 된 것을 믿는 사람들

③ 둘이 하나가 되는 것

따라서 '비밀'은 결혼에 대해서만 언급한 것이 아니라 그리스도와 교회가 연합하는 것까지도 설명하고 있다. 구원받은 남편과 아내는 이처럼 깊은 관계를 누려야 한다.

---

[3] Osborne, "Ephesians"(강의노트); Liefeld, *Ephesians*, 148-49.

이 과를 마치면서

성경적인 부부생활은 부모와 자녀와의 관계나 부부와 노부모들과의 관계나 사회생활에 있어서 가장 중요한 요소가 된다. 서로 사랑하고 존중하는 부부 아래서 자라는 자녀는 인격적으로도 안정되고 균형 잡힌 사람으로 성장하게 될 것이다. 이런 부부가 섬기는 노부모들은 이들의 삶을 보고 마음이 흐뭇해질 것이다. 당사자인 남편과 아내는 팽팽한 사회의 경쟁을 이길 힘을 서로에게서 매일 얻게 될 것이다. 아내는 이 모든 것을 남편과 공유하게 될 뿐만 아니라 남편에게 한없는 사랑을 받고, 모든 영광과 하늘의 상도 함께 누리게 될 것이다. 우리는 세상 모든 족속 가운데 그리스도 안에서 이루어지는 부부생활의 비밀을 보여줄 수 있어야 한다. 그들도 우리를 보고 하나님 나라에 회개와 믿음으로써 입문하여 우리와 함께 이러한 부부애(夫婦愛)를 누릴 수 있게 되기를 진심으로 바란다.

나의 기도

하나님 아버지, 하나님 나라의 비밀은 참으로 오묘하고, 귀하고, 또 신비스럽습니다. 그중에 부부생활에 대해 살펴보았습니다. 삼위일체 하나님께서 창세 전부터 누리셨던 관계를 모델로 하여 아담과 하와 부부를 만드시고(창 2:18-25), 삼위일체 하나님이 하나이신 것처럼 모든 부부가 이와 같이 하나가 되는 체험을 하도록 계획하신 것에 감사와 찬양을 드립니다.[4] 바울 사도는 이를 교회와 그리스도의 연합에 비유하였는데, 이 신비를 우리도 누리며 이 세상에서 행복한 부부생활을 할 수 있게 되길 원합니다. 이 모습을 보는 모든 족속들도 하루속히 이런 부부애를 나눌 수 있기를 간절히 원합니다. 아멘.

---

[4] 유진 피터슨은 창 2:24 을 히브리 원어로 보면, "아!"라는 감탄의 의미가 내포되어 있다고 말한다. 엡 5:31-32 에도 이런 감격이 부부의 관계 안에 내포되었다고 보는 것이 타당하다.

적용하기

1. 이 과에서 공부한 내용을 가지고 다음과 같이 부부생활을 진단해 보라.
진단 후 다음의 내용을 실천하라.

- 부족한 면은 자백하라.
- 잘하고 있는 면에 대하여는 감사하라.
- 더 개발해야 할 점들에 대하여 하나님께 도움을 구하라.

2. 성령 충만한 생활은 정상적인 부부생활로 표현되어야 한다. 현재 자신의
부부생활을 본문의 기준에 따라 평가해 볼 때 어떤 수준인가?

	중요한 교훈 요약	나의 평가	개발해야 할 점
남편의 경우			
아내의 경우			

12

그리스도인의 사회생활

에베소서 6:1-9

신약시대는 현대 사회와 달리 부모들은 자녀들에 대해 절대적인 권위를 가지고 이를 행사하고 있었던 때였다. 이런 문화적 배경 가운데서 성경은 부모들이 자녀들에게 권위를 행사하되 그들을 비인격적으로 대하지 말라고 다음과 같이 권고하고 있다.

또 아비(어미)들아 너희 자녀를 노엽게 하지 말고 오직 주의 교훈과 훈계로 양육하라(6:4).

이 내용은 21세기 현대의 관점에서 보아도 혁신적인 부모의 태도이다. 이 한 구절이 부모와 자녀의 관계에 대해 모든 것을 말해 주고 있거나 구체적인 지침까지 다 알려 주고 있지는 않다. 부모와 자녀 관계에서 더 구체적인 면을 알기 위해서는 성경의 여러 부분을 참조해야 한다.

특히 잠언 같은 실생활에 관한 지침이 되는 성경은 더 집중적으로 이 문제에 대해 언급하고 있다. 본문에서는 가장 기본이 되는 방향을 제시하고 있다. 이를 통해 우리는 시대를 초월해서 활용할 수 있는 부모와 자녀 관계에 대한 성경적인 원리를 발견하게 된다. 현대에도 이 원리에 따라 부모와 자녀 관계를 발전시켜 나간다면 더욱 훌륭한 관계로 발전할 수 있을 것이다. 이 역시 우리가 하나님 나라 시민으로서 마땅히 좇아야 할 원칙 중 하나 이며 나아가 우리 영성의 중요한 한 부분이기도 하다.

고용주(雇用主)와 고용인(雇傭人)의 관계도 사회생활에 있어서 매우 중요하며, 이는 초대 교회 시대나 21세기에 접어든 지금이나 변함이 없다. 다만 현대 산업화한 사회에서 이 관계에 대한 원칙들을 다시 세워야 할 필요를 절실히 느낀다. 하지만 부모 자녀 관계와 마찬가지로 고용주와 고용인의 관계에서도 본문 말씀은 시대를 초월해 지켜지지 않으면 안 되는 명백하고도 기본이 되는 원칙이자 하나님의 명령이다.

가. 세대 차를 이기는 부모와 자녀의 관계(6:1-4)

질문 본문 말씀은 자녀들이 주 안에서 부모를 순종하고 공경해야 한다고 가르치고 있다. 그렇게 가르치는 근거는 무엇이며 이렇게 했을 때 어떤 결과가 나타난다고 약속하고 있는가(6:1-3)?

힌트

약속 있는 첫 계명(2 절): 이 구절에 대한 해석은 여러 가지가 있다. 출애굽기 중 모세가 받은 십계명은 두 개의 돌판에 새겨졌다. 첫 번째 돌판에는 주로 하나님과 인간 사이에 관한 4 개의 계명이 새겨졌고, 두 번째 돌판에는 이웃과의 관계에 있어서 6 개의 계명이 기록되었다. 바로 이 두 번째 돌판에 나오는 첫째 계명이라는 뜻으로 해석한다. 이외에도 자녀에게 가장 먼저 가르쳐야 할 계명이라는 의미에서 첫 계명이란 해석, 모세의 율법 중 가장 으뜸가는 것이라는 해석도 있다.[1] 문맥상으로 보아 자녀들에게 가장 중요시되어야 할 축복의 약속을 포함한 계명이라고 보는 것이 가장 타당하다.

이로써 네가 잘 되고 장수하리라(3 절): 맥도날드(McDonald)는 이 말씀에 대해 다음과 같이 요약하고 있다.

> …가정생활을 튼튼히 하고 자녀들이 질서와 순종하는 법을 지키도록 훈련하는 것은 구약시대에나 어느 시대에서든지 신앙공동체와 국가를 안정되게 하는 비결이다. 가정의 관계가 파괴되고 부모에 대한 존경심이 무너졌을 경우 공동체 그 자체가 와해되므로 장수하지 못하게 된다.[2]

한국 교회는 한국 사회의 세속화 과정에서 큰 역할을 하지 못하고 여러 기회들을 놓쳐 버렸다.[3] 이로써 21 세기 현대에 들어와서는 권위에 대한 강한 반발과 더불어 부모에 대해 순종과 공경하는 풍습이 무너지고 있는 시대를 맞이했다. 이런 상황 앞에서 이 말씀은 부모와 자녀와의 관계에 대해 결정적인 역할을 할 수 있다. 더 나아가 성경적인 방향성을 제시한다. 그리스도인들은 부모를 존경하고 하나님께서 부여하신 부모의 권위에 순종하라고 말씀했다. 이는 부모들의 충고를 받는 것도 포함된다. 부모들이 성숙한 그리스도인이 아니라도 자녀들은 그렇게 해야 한다.

질문 부모들은 자녀에게 어떤 태도를 보여야 하는가? 그렇게 하지 않았을 때 어떤 부작용이 일어날 수 있는가(6:4)?

....

....

....

....

힌트

노엽게 하지 말고(4 절): 자녀에게 마땅히 키워 주어야 할 자신감을 꺾어 버리고, 기쁨으로 순종할 수 있는 배려와 존중을 무시해 버리고 조급하게, 난폭하게, 기분 내키는 대로 자녀를 대한다면 자녀에게 '쓴 마음'을 갖게 할 것이다. 마땅히 해야 할 책망을 자녀에게 올바른 방법으로 하는 것은 자녀의 자아의식(self-image)을 크게 증진시킨다. 반면에 임의적이고, 비합리적이고, 공정하지 못한 부모의 태도는 자녀들의 가슴에 큰 아픔과 손상을 입힌다.

주의 교훈과 훈계로 양육하라(4 절): 양육은 신체적인 필요를 채워 주는 것과 전 인격이 성숙할 수 있도록 가르치는 것으로 이뤄진다. 그렇기 때문에 양육은 "주의 교훈"(instruction of the Lord, 의롭게 살도록 교육하는 것)[4]과 "훈계"(training-discipline, 훈련을 통해 인격을 완성시키는 것)로 가능하다. 우리는 4 절의 내용을 다음과 같이 적용할 수 있다.

---

[1] Wood, *Ephesians*, 81.

[2] McDonald, *The Church and It's Glory*, 145-46.

[3] 한국은 일제강점기로부터 독립을 맞이하면서 아직 문화적 및 도덕적인 체계가 잡히기도 전에 또다시 6.25 전쟁에 휘말리어 그나마 존재하던 기존 질서들까지도 가차 없이 무너졌다. 엎친 데 덮친 격으로 서구사회의 문명이 이 틈을 타서 여과 없이 홍수처럼 밀려왔고, 그 후에는 이런 불안정한 문화적, 도덕적 혼란기를 겪으면서 세속된 문화가 자리매김하여 지난 30-40 년 동안 한국 문화는 철저히 세속화 되었다.

[4] Wood, *Ephesians*, 82.

[5] Wood, *Ephesians*, 82.

① 넘치는 사랑으로 자녀에게 대하라. 이는 노엽게 하지 않는 것은 물론 적극적으로 사랑하는 것을 의미한다. 자녀들을 아주 따뜻한 태도로 다루어야 한다.5 칼뱅도 부모들은 자녀들을 말할 수 없이 즐겁게 대해 주어야 한다고 했다.

② 올바른 방법으로 양육하라. 양육은 마치 예술과 같다. 아이마다 개성이 다 다르므로 그 개성에 맞는 양육방법을 채택하여야 한다. 그렇게 하기 위해서는 하나님의 은혜를 깨닫고, 때에 따라서는 자신의 실수를 솔직히 자녀들 앞에서 시인할 수도 있어야 한다.

③ 올바로 양육될 수 있도록 도우라. 대화가 올바로 진행되도록 노력하고, 문제가 쌓인 채로 내버려 두어서는 안 된다. 자녀들에게 불투명한 기대를 하게 하여 그들이 부담을 항상 안고 살게 하지 말고, 부부가 항상 갈등함으로써 불안한 가운데 살지 않도록 주의해야 한다.

나. 노사문제를 해결할 수 있는 고용주와 고용인과의 관계(6:5-9)

질문 종(현대는 고용인이 여기 속할 수 있음)들에 대하여 성경은 어떻게 하라고 말씀하고 있는가? 이를 통하여 현대 고용인들의 자세에 어떻게 적용할 수 있는가(6:5-8)?

....

....

질문 상전들(고용주가 여기에 속함)이 위협을 그쳐야 하는 이유가 무엇인가? 이는 현대의 고용주들에게 어떻게 적용될 수 있는가(6:9)?

....

이 과를 마치면서

로마제국은 한때 전 인구의 1/3 정도가 노예의 신분을 갖고 있었다. 이런 사람들이 그리스도를 믿었을 때 어떻게 상전들을 대하여야 할 것인지를 말씀하고 있다. 하지만 이것은 성경이 노예제도 그 자체를 인정한다는 뜻이 아니다. 그리스도인들은 어느 시대에 살든지, 어느 신분을 갖고 있든지, 자신들이 그리스도와 함께 십자가에 못 박혔음을 깨닫고 솔선수범하여 빛과 소금의 직분을 다해야 한다.

현대 고용인들은 물론 노예가 아니다. 이들은 정당하게 고용되어 법이 허용하는 모든 권한을 누리면서 열심히 일하는 선량한 시민들이다. 하나님께서는 이런 식으로 일하는 것을 선교사나 목회자나 일부 전문적인 사역자와 구별하지 않으신다. 이들 역시 하나님의 뜻에 따라 소명을 다하는 사람들로 여긴다.

선교계에서도 이런 변화된 시각을 가지고 선교사역을 재조명하고 있다. 이제는 하나님의 영광을 위해 직접 복음을 전하고 교회를 개척하는 것 이외의 사업을 수행하는 것도 하나님의 나라를 확장하는 데 참여하는 것으로 여기고 이것 역시 정당한 선교(Business As Mission 과 같이)로 받아들이고 있다. 따라서 우리는 일부 세상 사람처럼 기회주의적이 되어서는 안 된다. 오히려 최선을 다해 자신이 일하는 직장에서 그리스도의 향기를 나타내야 할 것이다. 교회 내에서의 신앙 활동이 교회 밖에서의 모범적인 시민이나 직장생활로 표현되어야 바른 신앙을 가졌다고 말할 수 있다. 그렇게 사는 사람이라면 마땅히 선교적인 삶(missional life-style)을 사는 사람 중에 포함되어야 한다. 세상 모든 족속 중에 이런 사람들이 많아질수록 이 세상은 더 하나님의 나라에 가까워질 것이다.

나의 기도

하나님 아버지, 오늘도 우리가 이 세상에서 어떻게 빛과 소금이 되는 생활을 해야 할지 하나님의 말씀을 통해 잠시 생각해 봤습니다. 우리는 그동안 삶의 현장에서 본을 보이는 일에 너무 소극적이었습니다. 교회 안에서 예배드리고 기도하고 봉사하는 일에는 충실히 했을지 몰라도 이 세상에서 그리스도인의 모습을 나타내지 못했다면 결국 그것은 반쪽 신앙밖에 되지 않을 것입니다. 그동안 반쪽짜리 신앙생활을 하고, 축복만 추구하는 축소된 복음을 믿으면서 세상을 향한 우리의 의무는 이행하지 않았던 모습을 돌아봅니다. 이 시간 회개하고 다시 주님께서 말씀하신 대로 이 세상을 살아가기로 다짐합니다. 우리에게 성령의 능력을 주시어 기쁨으로 이런 삶을 살아갈 수 있도록 해 주길 간절히 바랍니다. 교회 안팎에서, 또 선교지에서 이런 삶을 살아가면서 하루속히 이 세상 모든 족속이 우리를 보고 하나님의 나라에 들어오는 역사가 일어나게 해 주시기 원합니다. 아멘.

적용하기

신앙생활은 윤리적인 면을 떠나서는 말할 수가 없다. 부모와 자녀의 관계, 고용주와 고용인의 관계를 증진하는 데까지 연결하지 못하는 신앙체험이나 신앙 성장은 무엇인가 잘못된 것이다. 이를 기억하면서 다음 질문에 답하라.

1. 부모와 자녀의 관계에서 내가 개선해야 할 점은 무엇인가?

....

....

....

....

2. 고용주과 고용인의 관계에서 내가 개선해야 할 점은 무엇인가?

....

....

....

....

13

그리스도인의 영적 싸움

에베소서 6:10-24

하나님께서 이 세상을 창조하셨을 때와 달리 이 세상은 많이 변질되었고, 날로 더 나빠지고 있다. 다행히 이 세상은 그리스도인들의 영구적인 안식처가 아니다. 특히 마귀와 세상의 가치관대로 사는 사람들이 많아지면 많아질수록 그리스도인들은 그만큼 세상이 영구적인 처소가 되지 못한다는 사실을 실감하게 될 것이다. 바울 사도는 이런 이유로 세상에서 거룩하게 살고자 하는 사람들에게는 고난이 있을 것이라고 말한다. 본문 말씀이 처음 기록되었을 때에나 지금이나 불변하는 점은 그리스도인들은 비록 세상에 살고 있으나 세상에 속하지 않는다는 것이다. 하나님 나라 백성이 세상에 사는 동안은 영적으로 불의와 악, 그리고 마귀와의 대결은 피할 수 없다.

이런 배경을 이해한다면 그리스도인들이 마귀와 세상으로부터 미움과 핍박을 받는 것은 조금도 놀랄 일이 아니다. 세상에 사는 그리스도인들에게는 선한 의미의 씨름(싸움)이 있고, 실망이 있고, 억압이 있고, 피곤함이 있고, 압박감이 있다(요 15:19 참조). 이런 세상에서 성령 충만한 그리스도인들은 승리하는 삶을 이어가게 된다. 본문은 어떻게 승리하는 생활을 할 수 있는가에 대해 그 비결을 말씀하고 있다.

가. 그리스도인과 마귀와의 대결(6:10-20)

질문 우리는 마귀의 궤계(우리를 파괴하려는 마귀의 악한 계획들)를 능히 이길 수 있다. 이기는 데 필요한 구비조건이 무엇인가(6:10-11)?

힌트

> 전신 갑주(full armor, the whole armor[NKJV], *panoplia*, 11 절): 바울 사도는 로마 감옥에서 자신을 지키고 있을 때 병정들이 입고 있던 갑옷을 연상하면서 이 말씀을 기록한 것 같다. 전신 갑주는 고대 병사들이 적으로부터 보호되고, 또 적을 공격하기 위해 사용한 모든 장비를 말한다. 여기에서는 그리스도인들이 사용할 수 있는 영적 무기를 의미한다. 모울(Moule)은 이 영적 무기가 다름 아닌 하나님 보호하심 그 자체를 의미한다고 했다.[1]

질문 우리가 싸우고 있는 궁극적인 적은 사람들이 아니라 마귀나 마귀의

---

[1] Moule, *Studies in Ephesians*, 150.

조정을 받는 악의 영들과 그 외의 추종세력들이다. 이런 존재들을 바울 사도는 어떻게 부르고 있는가? 그리고 왜 전신 갑주를 입지 않고서는 이들과 싸워서 이길 수 없다고 하는가(6:12 하)?

....

....

....

힌트

본문에 나오는 "통치자들"(the rulers)과 "권세들"(the authorities)과 "이 어두움의 세상 주관자들"(the powers of this dark world)과 "하늘에 있는 악의 영들"(the spiritual forces of evil in the heavenly realms)은 모두 악한 세력들임에 틀림이 없다. 이 네 가지 세력들에 대해 하나씩 살펴보자.

① 통치자: 우주적 능력(cosmic power)으로서 십자가에서 이미 패하였으나 현재는 제한적으로 그 힘을 발휘하여 하나님의 뜻을 거역하고 있다.[2] 다시 말해서 이들은 악한 천사들, 즉 귀신의 세력으로 때로는 정치적 세력을 장악하기도 한다.[3]

② 권세: 권위(authority)를 장악한 존재들을 말하나 여기서는 주로 권위를 소유하고 있는 영적 존재들을 의미한다.[4]

③ 어둠의 세상 주관자: 이 세상을 다스리는 악한 영들을 말한다.[5]

④ 하늘에 있는 악의 영: 물질계에 속해있지 않고 초자연적인 세계에 속한 악의 영들이다.

이 악한 세력들이 존재한다는 사실만으로도 우리는 우리의 힘만으로 이런 세력들과 싸워서 이길 수 없고 오직 전신 갑주를 입음으로써만 승리할 수 있음을 알아야 한다.

질문 우리가 입어야 할 전신 갑주에 대해 아래와 같이 설명했다. 각각 자신의 장비를 점검해 보라. 자신의 점수에 대해 느낀 바를 서로 나누고, 또 어떤 면을 더 보강해야 할지 위해서도 기도하라(6:13-18).

힌트

전신 갑주	나의 영적 장비	비고
허리띠①	1 2 3 4 5 6 7 8 9 10	허리띠와 진리를 비교했다. 이는 진리를 믿고 있는 것은 물론 진리를 깊이 깨닫고 있는 데까지 나아간 것을 의미한다.
호심경②	1 2 3 4 5 6 7 8 9 10	하나님이 우리에게 값없이 주신 의(義)이다.
평안의 복음의 신	1 2 3 4 5 6 7 8 9 10	복음이 주는 확신 때문에 언제든지 나아가서 다른 사람들에게 나눌 수 있는 것을 말한다.
방패	1 2 3 4 5 6 7 8 9 10	여기서는 교리적인 것을 믿는 것보다 어떤 문제가 생겼을 때 이길 수 있는 믿음을 뜻한다.
투구③	1 2 3 4 5 6 7 8 9 10	그리스도인에게 있어서 구원은 가장 기본적인 요소이다.
성령의 검	1 2 3 4 5 6 7 8 9 10	하나님의 말씀을 사용하여 방어도 하며 또 승리도 거두는 것을 의미한다 (마 4:4 참조).
성령 안에서 하는 기도	1 2 3 4 5 6 7 8 9 10	항상 기도함으로써 주님으로부터 새 힘을 공급받아야 한다.

2 Wood, *Ephesians*, 86.
3 William Arndt and F. W. Gingrich, *A Greek-English Lexicon of the New Testament* (Chicago: The University of Chicago Press, 1979), 112.
4 Arndt and Gingrich, *A Greek-English Lexicon of the New Testament*, 128.
5 Arndt and Gingrich, *A Greek-English Lexicon of the New Testament*, 445.

이는 하나님의 진리를 자기 것으로 소화해서 이제 그 진리가 에너지와 견고함을 주는 것은 물론 그리스도인의 생활과 행동에 필요한 결단을 내리는 데까지 영향을 주는 것을 의미한다. 이외에도 불신과 의심을 통해 오는 여러 가지 복잡한 사실과 얽매이는 것으로부터 자유롭게 되어 우리의 모든 힘을 한군데 집중할 수 있게 되는 것을 말한다. 로마 병사들이 튼튼한 허리 띠를 둘렀을 때처럼, 우리도 진리의 허리 띠를 통해 내 안에 힘이 있음을 느끼게 되고, 갑옷이 제자리에 있게끔 지탱해 주는 것같이 전신 갑주를 자유자재로 움직일 수 있게 된다.6

이것은 그리스도께서 주시는 의(義)를 말한다. 그리스도인들은 주님께서 주신 새 생명(고후 5:17; 엡 2:10)을 통해 새 인격(새 생활)이 형성된다. 이런 인격이 형성되었을 때 우리는 마귀의 정죄로부터 보호받게 된다. 궁극적으로 그리스도인의 호심경이 그리스도의 의(義)임은 두말할 여지가 없다.

이는 마치 갑옷을 입을 때 투구를 쓰지 않으면 적의 화살로부터 보호를 받을 수 없음과 같다. 구원의 투구를 머리에 썼을 때 적의 가장 혹독한 공격도 능히 막아낼 수 있다.7

질문 바울 사도의 기도 제목은 우리에게 어떤 교훈을 주는가(6:19-20)?

....

....

....

....

---

6 McDonald, *The Church and It's Glory*, 159.
7 McDonald, *The Church and It's Glory*, 162.

> 사역자들은 홀로 사역하는 것이 아니라 성도들의 기도 지원을 받아서 사역한다. 따라서 우리는 사역자들과 선교사들을 위하여 늘 기도해야 한다. 또 이들을 위하여 기도할 때에 방향성 없이 하는 것이 아니라 구체적으로 무엇을 위하여 기도할 것인가를 알아보고 기도하는 것이 가장 좋다.

나. 맺는말(6:21-24)

질문 바울 사도가 두기고를 어떻게 소개했는가? 또 그를 에베소에 보낸 이유는 무엇인가? 이것을 볼 때 바울 사도는 어떤 종류의 사역자인가 (6:21-22)?

....

....

....

힌트

> 바울 사도는 두기고를 소개하면서 사랑을 받는 형제이며, 주 안에서 진실한 일꾼이라고 말했다. 두기고가 이런 사람이 되기까지는 아마도 바울 사도의 수고가 있었을 것이다. 그 결과 바울 사도가 믿고 중요한 사역을 맡길 수 있는 동역자가 된 것이다.
>
> 바울 사도는 자신이 하는 사역에 대해 교인들에게 알리기를 원했다. 이는 자신을 위해 어떻게 기도해야 하는지 가르치고, 나아가서 자신을 위해 기도하는 사람들을 위로하기 위함이라고 말한다. 즉, 교인들의 기도가 어떻게 응답되고 있는지 알림으로써 그 결실을 공유하기 위함이었을 것이다.

질문 바울 사도는 에베소서를 읽는 독자들에게 어떤 축복이 내릴 것을 기
원(祈願)하고 있는가? 이것 중에 당신에게 가장 필요한 축복은 무엇인
가(6:23-24)?

....

....

....

....

이 과를 마치면서

"평안과 믿음을 겸한 사랑"(23절)의 근원은 궁극적으로 하나님 아버지이시다. 또 예수 그리스도께서도 아버지와 똑같은 권위를 갖고 계신다. 따라서 "아버지 하나님과 주 예수 그리스도로부터 평안과 믿음을 겸한 사랑이 형제들(자매들)에게 있을지어다"라는 말은 대단히 강력한 표현이다. 여기에 덧붙여서 "우리 주 예수 그리스도를 변함 없이 사랑하는 모든 자에게 은혜가 있을지어다"라는 기도는 축복을 더하고 있다. 그리스도 안에 있다는 것은 이와 같은 축복을 늘 받을 수 있는 특권이 부여되었다는 뜻이다.

성령은 우리에게 이런 축복을 실제로 누릴 수 있게 해 주시는 역할을 담당하신다. 삼위일체 하나님께서는 아무것도 받을 자격이 없는 우리들에게 이런 축복을 누리며 살도록 전신 갑주까지 마련해 놓으셨다. 세상 모든 족속 가운데 전신 갑주를 입은 하나님의 종들이 우뚝 서서 각 처에서 마귀를 대적하는 날이 어서 속히 오기를 진심으로 원한다. 우리 모두 이런 대열에 함께 참가하여 주님의 나라가 온전히 임할 때까지 어떤 일이 있어도 포기하지 않고 열심히 삼위일체 하나님의 선교(missio Dei)에 동참하기를 진심으로 바란다.

끝으로 "한없는 축복의 보고"인 에베소서를 공부한 모든 사람이 우리 주 예수 그리스도를 변함없이 사랑하게 되기를 축원한다.

나의 기도

하나님 아버지, 한없는 축복을 우리에게 주시기 위해 독생자 예수 그리스도를 이 세상에 보내시고, 사람이 되게 하시고(성육신), 더 나아가서 종의 형체를 입게 하셨으며, 마침내 십자가에서 죄인처럼 처참하게 죽게 하셨습니다. 하나님께서 독생자를 우리 대신 십자가에 못 박으신 그 사랑은 인류 역사상 그 어디에서도 찾아볼 수 없습니다. 이는 미증유(未曾有)의 사랑입니다. 이 사랑을 받은 우리가 이제 이 세상 모든 족속에게 하나님의 사랑에 대해 전하겠습니다. "한없는 축복의 보고"가 여기에 있다고 전하겠습니다. 하루속히 세상 모든 족속이 이 축복을 우리와 함께 누릴 수 있도록 역사하여 주시기를 간절히 바랍니다. 이를 통해 오직 주님만이 모든 영광을 받아 주시기 원합니다. 성부 하나님의 사랑과 성자 하나님의 은혜와 성령 하나님의 교통하심과 역사하심이 이 책을 공부하고 이를 실천하는 모든 하나님의 백성들 머리 위에 늘 함께하시기를 간절히 축원합니다. 어서 속히 그날이 오게 해 주시옵소서! 아멘.

적용하기

1. 지금 우리가 어려운 영적 싸움을 하고 있다는 사실을 확인하고, 이를 위해 어떤 영적 무기들을 사용하고 있는지 점검하라.

....

....

....

....

2. 이 세상에는 항상 영적 싸움이 있다는 사실을 알았다. 이를 위해 우리가 어떻게 대비해야 하는가? 이 과에서 배운 것과 에베소서 책 전체를 통해 얻은 교훈을 중심으로 이 질문에 답하고, 이를 통해 우리의 영적 싸움을 계속 대비해 나아가라.

....

....

....

....

성부와 성자와 성령 삼위일체 하나님의 축복이
늘 함께하시기를 진심으로 축원하며,
에베소서 공부를 성공적으로 마친 모든 분을 축하하며,
이 축복이 늘 함께하시기를 기원한다.

참고문헌

Arndt, William and Gingrich, F. Wilbur. *A Greek-English Lexicon of the New Testament.* Chicago: The University of Chicago Press, 1979.

Liefeld, Walter L. *Ephesians.* The IVP New Testament Commentary Series. Downers Grove: IVP, 1997.

McDonald, H. D. *The Church and It's Glory.* Henry E. Walter Ltd., 1973.

Moule, H. C. G. *Studies in Ephesians.* Grand Rapids: Kregel, 1977.

Osborne, Grant. "Ephesians"(Mimeographed).

Samlond, S. D. F. *The Epistles to the Ephesians.* The Expositor's Greek Testament. Grand Rapids: Eerdmans, 1976.

Simpson, E. K. *The Epistles to the Ephesians.* The New International Commentary on the New Testament. Grand Rapids: Eerdmans, 1957.

Wood, A. Skevington. *Ephesians.* The Expositor's Bible Commentary. Grand Rapids: Zondervan, 1978.